PulpFiction
BOND
007
@vengers
Harry Potter
Game of Thrones
Vine St.
Minecraft
101
Star Trek
N Wilton Pl.
Night of the Living Dead

Tom Grimm's
HOLLYFOOD
MINECRAFT
STAR TREK
JAMES BOND 007
NIGHT OF THE LIVING DEAD
GAME OF THRONES
PULP FICTION
HERR DER RINGE

HOLLYFOOD

75 REZEPTE FÜR FILMFANS, SERIENJUNKIES, GEEKS UND NERDS

VON
TOM GRIMM

Mit Foodfotos
von Tom Grimm,
Gerd Hemsing & Katalin Sievers

Meiner Familie gewidmet,
ohne die nichts so wäre, wie es ist.

Und für Jo & Holle,
für die dasselbe gilt.

BUCHKONZEPTION, TEXTE & REZEPTE:
Tom Grimm, Grinning Cat Productions
(E-Mail: tg@grinningcat.de)

KREATIVE MITARBEIT & MISE EN PLACE:
Katja Böhm

KÜNSTLERISCHE LEITUNG & REQUISITEN:
Tom Grimm

FOODFOTOGRAFIE:
Tom Grimm, unter Mitarbeit von Gerd Hemsing & Katalin Sievers

COVERDESIGN:
Tom Grimm, Roberts Urlosvkis

INNENCOVER & VORSATZILLUSTRATION:
Angelos Tsirigotis

Die deutsche Ausgabe wird von der Panini Verlags GmbH, Rotebühlstr. 87,
70178 Stuttgart herausgegeben.

Geschäftsleitung: Hermann Paul
Head of Editorial: Jo Löffler (v.i.S.d.P.)
Head of Marketing: Holger Wiest (E-Mail: marketing@panini.de)
Lektorat: Thomas Gießl
Grafik und Lettering: Roberts Urlovskis
Produktion: Gunther Heeb
Presse & PR: Steffen Volkmer
Druck: DZS Grafik, Slowenien

YDGEKB001

ISBN 978-3-8332-3832-1

1. Auflage, Oktober 2019

www.paninibooks.de

Bibliografische Information der Deutschen Nationalbibliothek
Die Deutsche Nationalbibliothek verzeichnet diese Publikation in der Deutschen Nationalbibliografie;
detaillierte bibliografische Daten sind im Internet über http://dnb.d-nb.de abrufbar.

Dieses Buch wurde auf chlorfreiem, umweltfreundlich hergestelltem Papier gedruckt.

INHALT

HAUPTGERICHTE

BEILAGEN

SÜSSES & DEFTIGES

AUS DER BACKSTUBE

DRINKS & SHAKES

EIN PAAR WORTE VORWEG

Beginnen wir mit einem Geständnis: Ich bin ein Träumer. Das war ich schon immer. So lange ich denken kann, habe ich die wundervollen Gefilde der Fantasie der Realität stets vorgezogen. Maßgeblichen Anteil daran hatte Hollywood, das mich von Kindesbeinen an mit seinem Zaubern, seinen Wundern und seinen visuellen Spektakeln geprägt hat. *Star Wars. Indiana Jones. Batman. James Bond. Blade Runner. Aliens. RoboCop. Stirb langsam. Zurück in die Zukunft. The Lost Boys. Die Goonies. Predator* ...

Wenn es jemanden gibt, für den das Popcorn-Kino erfunden wurde, dann bin ich das.

Filme haben mich mein ganzes Leben lang begleitet und schon in jungen Jahren die Saat für meine spätere berufliche Laufbahn gelegt, auch wenn ich mir damals nicht im Traum hätte vorstellen können, mit meiner Begeisterung für diesen »Schund« irgendwann einmal meine Brötchen zu verdienen. Als Jugendlicher, in den glorreichen 80er Jahren des vergangenen Jahrtausends, jobbte ich neben der Schule in einem winzigen Provinzkino mit einem einzigen Saal, in dem dementsprechend auch immer nur ein Film zur Zeit lief. Ich war Ticketverkäufer, Eiscreme-Mann und Vorführer in Personalunion. Das war Firmenpolitik: Ein Vorführer pro Vorstellung, um die Kosten niedrig zu halten. Für mich war das vollkommen okay, denn so konnte ich erstens ungeniert Kumpels mitbringen, denen ich »auf Kosten des Hauses« großzügig Minisalamis, Eiskonfekt und Cola spendierte, und zweitens gab mir dies die Möglichkeit, Filme zu gucken, die ich von der Altersfreigabe her eigentlich noch gar nicht sehen durfte. Das kommt dabei raus, wenn man den Bock zum Gärtner macht!

Und das waren längst nicht die einzigen Vorteile meiner privilegierten »Position«. Denn abgesehen davon eignete sich der Job auch hervorragend dazu, bei Mädchen Eindruck zu schinden. Jedenfalls muss ich rückblickend und mit der Erfahrung, die mit schwindendem Haupthaar einhergeht, feststellen, dass dies mit Abstand die unbeschwerteste Zeit meines Lebens war. Und ich glaube, dass genau das den besonderen Reiz bestimmter Filme, TV-Serien, Videospiele, Romane und Comics ausmacht: dass sie uns an die guten Tage unseres Lebens erinnern. An die Tage, an denen wir uns noch nicht mit Hypotheken, Steuererklärungen und Krebsvorsorgeuntersuchungen herumschlagen mussten. An die Tage, an denen uns die Fantasie von Filmemachern, Fernsehproduzenten, Spieleentwicklern, Roman- und Comicautoren glauben ließ, dass es auf der Welt trotz aller Negativschlagzeilen *doch* Gutes gibt.

Gute Unterhaltung erinnert uns an die Tage, an denen schlichtweg *alles* möglich schien.

Großen Anteil hieran hatten für mich neben dem Kino und den Videotheken, die damals wie Unkraut aus dem Boden schossen, die sogenannten Home Computer, die seinerzeit ihren unaufhaltsamen Siegeszug antraten. Mein geliebter »Brotkasten« – ein Commodore C16 – hatte sagenhafte 16 KB Arbeitsspeicher (was ungefähr einem heutigen Handy-Displayicon entspricht), und so sahen auch die Spiele aus: ein dicker weißer Strich links, ein dicker weißer Strich rechts, in der Mitte eine gepunktete Linie, dazwischen ein in Zeitlupe hin und her gleitender Punkt, und das Ganze untermalt von einer Soundkulisse, die im Wesentlichen aus Ping, Pock, Ping bestand – fertig war *Tennis Systems*. Trotzdem haben wir uns voller Begeisterung damit beschäftigt, denn diese Grafik war 1982 das Maß aller Dinge.

Natürlich hat der technische Fortschritt seitdem weder vor Computerspielen, noch vor dem Fernsehen oder dem Kino Halt gemacht, sodass wir uns heute über fast fotorealistische Videogames wie z. B. *Grand Theft Auto, Red Dead Redemption* oder *The Witcher 3* freuen können, während mit TV-Serien wie *Game of Thrones, The Walking Dead, Sherlock* oder *Westworld* Hochglanz-Produktionen über den Bildschirm flimmern, die den Vergleich zur Leinwand nicht zu scheuen brauchen. Was Entertainment angeht, leben wir in einer gesegneten Zeit. Und auch sonst geht es uns so gut wie nie zuvor in unserer Geschichte, selbst wenn man das beim Blick in die Zeitung oder beim Einschalten der Abendnachrichten bisweilen gern vergisst.

Wir leben in einem freien, demokratischen Land, in dem jeder ungestraft seine Meinung sagen darf. Die Arbeitslosigkeit ist auf einem Rekordtief, die Gehälter auf einem Rekordhoch, und wir können reisen, wohin wir wollen (jedenfalls fast). Meine Generation weiß nicht, was Hunger ist. Niemand muss unter einer Brücke schlafen, und sofern man sich nicht gerade mit dem Finanzamt anlegt, kann man ein geregeltes, friedliches Dasein führen, ohne Angst vor Krieg oder politischer Verfolgung. Kurzum: Obwohl wir dazu neigen, uns über Gott und die Welt zu beschweren, führen wir ein verdammt gutes Leben.

Für mich persönlich gehört zu einem »guten Leben« neben den offensichtlichen Dingen (Gesundheit, Liebe, Geld) vor allem eins: Genuss. Gutes Essen und Getränke sind für mich in gewisser Weise der Lohn dafür, 100 Stunden pro Woche zu schuften. Und im Gegensatz zur Unterhaltung, wo ich mittlerweile sehr genau abwäge, womit ich meine Zeit verbringe, bin ich beim Essen grundsätzlich für alles offen. Egal, ob Italienisch, Ungarisch, Chinesisch oder Turkmenisch, ob Imbiss oder Luxusrestaurant – ich kann einem »Döner mit allem« genauso viel abgewinnen wie den extravaganten Kreationen von Sterneköchen wie Tim Raue oder Kevin Fehling. Ein guter Freund von mir sagte einmal (in Anlehnung an das berühmte Zitat von Oscar Wilde): »Mein Geschmack ist ein ganz einfacher: Entweder mir schmeckt´s – oder mir schmeckt´s nicht.« Weise Worte, denen ich mich nur anschließen kann.

Da hätten wir sie also, die Grundzutaten dieses Buches: Entertainment und Kulinarik.

Schon allein für sich genommen sind beides bemerkenswerte Dinge, doch wenn sie sich überschneiden, wenn eins zum anderen kommt und gutes Essen Eingang in gute Unterhaltung findet, entsteht dabei hin und wieder nicht bloß Großartiges, sondern geradezu Ikonisches. So geschehen bei den Rezepten, die Sie, geneigter Leser, auf den folgenden Seiten erwarten: 75 Speisen und Getränke, bekannt aus Film, TV, Videospielen, Animes und Comics, genauso zubereitet, wie man sie von der Leinwand, aus der Glotze oder vom Monitor her kennt – zumindest optisch. Bei der Zubereitung hingegen habe ich mir gewisse kreative Freiheiten erlaubt, zum einen, weil der Geschmack von Gerichten wie z. B. der Monstersuppe aus *The Legend of Zelda: Breath of the Wild* im Original eher, nun ja ... gewöhnungsbedürftig ist. Und zum anderen, weil man hierzulande im Supermarkt ums Verrecken keine Flammenbeutel, Asari-Tentakel oder Frey-Fleisch bekommt. (Keine Ahnung, warum.) Falls Sie sich dagegen immer schon gefragt haben, ob der Kirschkuchen von Norma in Twin Peaks wirklich so lecker ist, wie Agent Cooper behauptet, oder ob es sich tatsächlich lohnt, à la Hannibal Lecter für »Leber mit ein paar Fava-Bohnen und einen ausgezeichneten Chianti« den einen oder anderen Psychiater über die Klinge springen zu lassen, finden Sie hier die Antwort.

Okay, ich glaube, Sie haben verstanden, worum es hier geht. Dies ist nicht bloß eine Sammlung von Rezepten, die Sie aus den Medien kennen. Nein, dies ist eine Schatztruhe an *Erinnerungen*: Genießen Sie die folgenden Speisen und Getränke mit all Ihren Sinnen und erinnern Sie sich dabei daran, wie es war, als sie Ihnen das erste Mal begegnet sind. Erinnern Sie sich an dieses ganz besondere Gefühl, daran, wer Sie damals waren und wie Ihr Leben seinerzeit war. Erinnern Sie sich an all das Gute, das Ihnen in dieser Zeit und seitdem widerfahren ist. Und vor allem: Vergessen Sie nicht zu träumen. Denn das ist die mächtigste Magie, die ich kenne.

Tom Grimm

»DER WALD WAR LIEBLICH, DUNKEL UND TIEF.
DOCH EIN VERSPRECHEN MICH RIEF.
EIN LANGER WEG, BEVOR ICH SCHLIEF.«

ROBERT FROST
STOPPING BY WOODS ON AN SNOWY EVENING

»YIPPIE-YA-YEAH, SCHWEINEBACKE!«

JOHN McCLANE
STIRB LANGSAM

BURGER

Pulp Fiction

BIG KAHUNA-BURGER

»HAMBURGER! DER GRUNDSTEIN EINES JEDEN NAHRHAFTEN FRÜHSTÜCKS!«
— Jules Winfield

ZUTATEN

Für 4 Burger

1 kg Rinderhackfleisch
3 EL Teriyakisauce
2 EL Zwiebelpulver
2 EL Knoblauchpulver
Pfeffer, frisch gemahlen
250 ml Tomatenketchup
50 g Rohrzucker
5 EL Senf, mittelscharf
2 EL Olivenöl
Salz
4 Burgerbrötchen
4 Scheiben Ananas, zerdrückt und abgetropft
4 Scheiben Cheddarkäse
etwas Blattsalat
1 große Tomate, in Scheiben

ZUBEREITUNG

Das Hackfleisch in einer Schüssel mit der Teriyakisauce, dem Zwiebelpulver, dem Knoblauchpulver und etwas frisch gemahlenem Pfeffer vermengen. 15 Minuten ziehen lassen.

In dieser Zeit die »Spezialsauce« zubereiten: Hierfür in einem kleinen Topf bei niedriger Temperatur den Ketchup, den Rohrzucker und den Senf vermengen und unter ständigem Rühren so lange köcheln lassen, bis der Zucker vollständig geschmolzen ist. Vom Herd nehmen und beiseitestellen.

Nun aus dem Fleisch vier gleich große Patties formen. Das Öl in einer Pfanne erwärmen und die Patties bei mittlerer bis großer Hitze scharf von beiden Seiten anbraten; dabei mit Salz und Pfeffer würzen.

Die Brötchen aufschneiden, die Schnittflächen kurz antoasten und schließlich, wenn die Patties fertig sind, wie folgt belegen: Auf die Brötchen-Unterseite etwas von der zerdrückten Ananas geben, dann das Fleisch, gefolgt vom Käse, darauf etwas von der Spezialsauce, dann jeweils etwas Blattsalat, darauf die Tomaten und das Ganze schließlich mit noch mehr Sauce krönen. Die Brötchen-Oberseite zuoberst legen und sofort servieren. Dazu passen z. B. Süßkartoffelpommes.

SCHAWARMA

»DAS LETZTE MAL WAR ICH IN NEW YORK. ICH HAB` DORT EINIGES PORZELLAN ZERSCHLAGEN, ZUM BEISPIEL … HARLEM …«
— Bruce Banner alias Hulk

ZUTATEN

Für 2 Portionen

200 g Hähnchenbrust
2 TL Kreuzkümmel
1 TL Kurkuma
2 TL Paprikapulver
1 Prise Zimt
1 TL Piment, gemahlen
1 Prise Knoblauchpulver
Salz, Pfeffer
5 EL Olivenöl
Kirschtomaten, fein gewürfelt
1 kleine Salatgurke, fein gewürfelt
2 Weizentortillas

Für die Tahin-Sauce:
2 EL Tahina-Paste (Sesammus)
Saft einer Zitrone
Salz
2 Knoblauchzehen, fein gehackt
2 EL Joghurt
4 EL Wasser
etwas gehackte Petersilie

ZUBEREITUNG

Die Hähnchenbrust gründlich abwaschen, sorgsam abtupfen, in gleichmäßig große Würfel (ca. 2 cm) schneiden und in einen Gefrierbeutel geben.

In einer kleinen Schüssel den Kreuzkümmel, das Kurkuma, das Paprikapulver, den Zimt, den Piment, das Knoblauchpulver, das Salz und den Pfeffer zusammen mit dem Olivenöl miteinander vermischen. Die Marinade in den Gefrierbeutel geben und die Hühnchenwürfel damit gleichmäßig einmassieren. Darauf achten, dass das Fleisch vollständig von der Marinade bedeckt ist, den Beutel luftdicht verschließen und für mindestens eine Stunde in den Kühlschrank geben, gerne länger.

In der Zwischenzeit die Tahina-Paste, den Zitronensaft, das Salz, den Knoblauch, den Joghurt und das Wasser für die Sauce in den Mixer geben und zu einer glatten, festen Creme verarbeiten. Das Wasser dabei nach und nach dazugeben, bis die gewünschte Konsistenz erreicht ist. Anschließend abschmecken, bei Bedarf nachwürzen und mit der gehackten Petersilie verfeinern.

Ist die Marinierzeit vorbei, die Hähnchenstücke mitsamt der Marinade in eine heiße Pfanne geben und von allen Seiten scharf anbraten. Abgedeckt mit Alufolie zum sanften Nachgaren bei 150° C für 10 Minuten in den vorgeheizten Backofen geben.

Die Tortillas kurz antoasten. Jeweils etwas von den Tomaten- und den Gurkenwürfeln in die Mitte geben, mit der gewünschten Menge Hähnchenfleisch krönen und einen ordentlichen Klecks Tahina-Sauce darauf geben. Die Tortillas zusammenrollen und sofort genießen.

RILLETTES VOM SCHWEIN

»IHR SEID GROSS UND HÄSSLICH!«
— Geralt von Riva, Hexer

GARZEIT BEACHTEN!

ZUTATEN

Für ca. 6 Gläschen (à 200 g)

2 TL Koriandersaat
80 g Schalotten, fein gewürfelt
2 Knoblauchzehen, fein gewürfelt
600 g Schweinebauch, in ca. 4-5 cm großen Würfeln
600 g Schweineschulter, in ca. 4-5 cm großen Würfeln
120 g Schweineschmalz
Salz, Pfeffer
500 ml Kalbsfond
2 Lorbeerblätter
3 Wacholderbeeren
3 Stiele Majoran, fein gezupft
5 Stiele Thymian, fein gezupft
2 Zweige Rosmarin, fein gezupft
ca. 500 ml Wasser

Außerdem erforderlich:
6 ausgekochte Gläschen mit Deckel (à 200 g Fassungsvermögen)

ZUBEREITUNG

Die Koriandersaat im Mörser fein mahlen. Den Backofen auf 150° C vorheizen.

Das Schweineschmalz in einem Schmortopf erhitzen. Das gewürfelte Fleisch, die Schalotten und den Knoblauch bei mittlerer Hitze unter regelmäßigem Rühren ca. 6-8 Minuten braten, ohne das Fleisch dabei zu bräunen. Mit der Koriandersaat, Salz und Pfeffer würzen und mit Kalbsfond auffüllen. Die Lorbeerblätter hineingeben. Die Wacholderbeeren leicht andrücken (mit der flachen Seite eines Messers) und zusammen mit dem Majoran, dem Thymian und dem Rosmarin ebenfalls mit in den Topf geben. Mit ca. 500 ml Wasser angießen, bis das Fleisch ganz von Flüssigkeit bedeckt ist. Kurz aufkochen lassen und zugedeckt im vorgeheizten Backofen auf der untersten Schiene 4,5 bis 5 Stunden sanft schmoren. Am Ende muss das Fleisch so zart sein, dass es zerfällt.

Das fertig gegarte Fleisch schließlich durch ein feines Sieb seihen und den Garfond auffangen. Das Fleisch abtropfen lassen und in eine große Schale geben. Die Lorbeerblätter und die Wacholderbeeren entfernen.

Das Fleisch mit zwei Gabeln faserig zerzupfen. Vom aufgefangenen Garfond 6-8 EL Fett mit einem Esslöffel abschöpfen und unter das Fleisch mischen. Achtung: Möglichst nicht mehr Fett verwenden, als angegeben, da die Rillettes sonst zu fest werden! Das Fleisch grenzwertig kräftig mit Salz und Pfeffer abschmecken, da die Gewürze merklich weniger intensiv durchkommen, sobald das Ganze später abgekühlt ist.

Das Fleisch mit einem Esslöffel in die vorbereiteten, sterilisierten Weckgläser geben und fest hineindrücken, bis am Ende keine Luftlöcher mehr vorhanden sind. Hierzu mit dem Boden des Weckglases ggf. mehrmals sanft auf die Arbeitsfläche klopfen. Vom Garfond mit einem Esslöffel etwas Fett abschöpfen und so auf die Gläser verteilen, dass das Fleisch vollständig damit bedeckt ist. Komplett auskühlen lassen. Die Gläser erst dann mit dem Deckel verschließen und im Kühlschrank aufbewahren, wo die Rillettes mit intakter, geschlossener Fettschicht ca. 4 Wochen haltbar sind. Am besten mit frischem Bauernbrot servieren.

LOS POLLOS
HERMANOS

FRIED CHICKEN »LOS POLLOS HERMANOS«

»FANGEN WIR MAL MIT ETWAS GUT GEMEINTER KRITIK AN. SIND SIE BEREIT? ALSO DANN: SIE BEIDE SIND SCHEISSE IM VERKAUFEN VON METH.«

— Saul Goodman, Rechtsanwalt

MARINIERZEIT BEACHTEN!

ZUTATEN

Für 4 Portionen

1 kg gemischtes Hühnchenfleisch (z. B. Brustfilet, Flügel oder Schenkel)

5 EL Paprikapulver edelsüß

3 EL Meersalz

3 EL Schwarzer Pfeffer

5 EL Chilipulver

3 EL Knoblauchgranulat

2 EL Zwiebelpulver

1,5 l Buttermilch

500 g Mehl

3 l Erdnussöl, zum Frittieren

ZUBEREITUNG

Die Hähnchenteile abwaschen und in einer großen Schüssel mit den Gewürzen vermengen; dabei von jedem Gewürz einen EL zurückbehalten. Die Gewürze kräftig ins Fleisch einmassieren und großzügig (und gleichmäßig) darauf verteilen. Mit der Buttermilch übergießen, sodass alles davon bedeckt ist, und mindestens 6 Stunden, am besten aber über Nacht im Kühlschrank marinieren lassen. (Je nach verwendetem Gefäß kann hier mehr Buttermilch nötig sein, als in den Zutaten angegeben.)

Das Mehl in einem tiefen Teller mit den übrigen Gewürzen vermischen. Die marinierten Hähnchenteile direkt aus der Buttermilch in die Mehlmischung geben und gleichmäßig von allen Seiten damit überziehen.

Entweder in der Fritteuse oder in einem großen Topf mit maximaler Temperatur das Erdnussöl erhitzen und die panierten Hühnchenteile jeweils sofort nach dem Wälzen in der Mehl-Gewürz-Mischung in das heiße Öl geben. Das Hühnchen portionsweise (je nach gewünschtem Bräunungsgrad) jeweils ca. 15-20 Minuten frittieren.

Einen Rost auf ein Backblech legen und den Backofen auf 80° C vorheizen. Die Hähnchenteile nach dem Frittieren auf den Rost geben, damit sie einerseits warm bleiben und andererseits alles überschüssige Fett abtropfen kann. Dazu am besten Pommes Frites oder amerikanischen Coleslaw-Krautsalat reichen.

CHIMICHANGAS

»ICH BIN NUR EIN ARSCHLOCH, DAS FÜR GELD NOCH GRÖSSERE ARSCHLÖCHER FERTIG MACHT. STELLT EUCH UNS WIE ZAHNFEEN VOR, NUR DASS WIR DIE ZÄHNE SELBST RAUSHAUEN UND DAS GELD BEHALTEN.«
— Wade Wilson alias Deadpool

ZUTATEN

Für 4 Portionen

Für die Chimichangas:

2 EL Olivenöl
1 große Zwiebel, fein gehackt
2 Knoblauchzehen, fein gehackt
2 Hähnchenbrüste, gewürfelt
2 grüne Chilischoten, fein gehackt
1 rote Paprikaschote, gewürfelt
2 Tomaten, in Würfel geschnitten
200 g Mais (aus der Dose)
200 ml fertige Taco-Sauce
4 Frühlingszwiebeln, in feine Ringe geschnitten
8 Tortillas (fertig)
200 g Schmand
200 g Saure Sahne
200 g Pizzakäse
etwas süße Chilisauce (fertig)
Frittieröl

Für die Guacamole:

2 Avocados
Saft von 1 Zitrone 1 rote Chilischote, fein gehackt
2 Knoblauchzehen, gepresst
Salz, Pfeffer

ZUBEREITUNG

Die Chimichangas zubereiten: Das Olivenöl in einer großen Pfanne erhitzen und die Zwiebel, den Knoblauch und das Hähnchenfleisch 3-4 Minuten lang scharf anbraten. Die Chilischoten, die Paprika, den Mais und die Tomatenwürfel dazugeben und wiederum 2-3 Minuten anbraten. Zuletzt die Taco-Sauce und die Frühlingszwiebeln hinzufügen, alles gut durchmischen und vom Herd nehmen.

Jeweils 4-5 EL der Füllung in die Mitte der (fertigen) Tortillas geben, großzügig Pizzakäse darüber streuen und die Enden so übereinander klappen, dass ein kleines, rechteckiges Paket entsteht. In einer kleinen Schüssel den Schmand und die Saure Sahne vermischen.

In einem großen Topf das Frittieröl erhitzen. Ist das Öl siedend heiß, am besten mit einer Schaumkelle vorsichtig eine Tortilla nach der anderen hineingeben und ca. 2-3 Minuten frittieren, bis der Teig hübsch goldbraun und schön knusprig ist. Abtropfen lassen, mit dem Schmand-Sahne-Gemisch, der Guacamole (siehe unten) und der Chilisauce bestreichen (bitte genau in dieser Reihenfolge!) und sofort servieren. Dazu passt perfekt z. B. pikanter mexikanischer Tomatenreis mit Kidneybohnen, Mais und Piri Piri.

Die Guacamole zubereiten: Für die Guacamole die Avocados halbieren, die Steine entfernen, das Fruchtfleisch herausnehmen, einen Spritzer Zitronensaft dazugeben und alles mit einer Gabel fein zerdrücken. Die fein gehackte rote Chilischote und den gepressten Knoblauch dazugeben, mit Salz und Pfeffer abschmecken, alles gut vermengen und bis zur Verwendung kühl stellen.

1067

FRÜHSTÜCKS-TACOS

»ICH MAG AUFTRAGSMÖRDER. EGAL, WAS DU MIT IHNEN MACHST, DU FÜHLST DICH NIE SCHLECHT.«
– Marv

ZUTATEN

Für ca. 8-10 Tacos

Für die Tortillas:

240 g Mehl
½ TL Salz
½ TL Backpulver
30 g Schmalz
30 g Butter
180 ml warmes Wasser

Für die Füllung:

2-3 große Kartoffeln, geschält und fein gewürfelt
2 EL Maisöl
Meersalz
Pfeffer, frisch gemahlen
2-3 Maistortillas (fertig), grob geschnitten
2 Tomaten, fein gewürfelt
1 große Zwiebel, fein gewürfelt
1 grüne Jalapeño, in feinen Ringen
Butter
3 Eier
Milch

ZUBEREITUNG

Das Mehl, das Salz und das Backpulver in eine große Schüssel geben und gut durcharbeiten (mit einem Mixer, einem Rührgerät oder einfach mit den Händen). Nach und nach das Schmalz und die Butter dazugeben und immer weiter verarbeiten, bis ein krümeliger Teig entsteht, der einen Moment an den Händen kleben bleibt und dann abfällt. Das warme Wasser hinzufügen und wiederum einige Minuten kneten, bis der Teig glatt und elastisch ist. Den Teig dann in 8-10 golfballgroße Stücke teilen, auf einen großen Teller geben, mit einem mit etwas warmem Wasser getränkten Küchentuch abdecken und 20 Minuten gehen lassen.

In der Zwischenzeit die Kartoffelwürfel vorbereiten und mit dem Maisöl in einer großen Pfanne auf mittlerer Stufe scharf anbraten. Mit Meersalz und frisch gemahlenem Pfeffer würzen. Aufpassen, dass die Kartoffeln nicht zu dunkel werden, da sie zwar knusprig, aber nicht wirklich gebraten sein sollen. Anschließend aus der Pfanne nehmen, kosten und bei Bedarf mit Salz und Pfeffer nachwürzen. Beiseitestellen.

Die Maistortillas in derselben Pfanne im selben Öl scharf anbraten. Nach 1-2 Minuten aus der Pfanne nehmen, abtropfen lassen, salzen und pfeffern und beiseitestellen. Nun vorsichtig das heiße Öl aus der Pfanne gießen und in der (nicht ausgewischten!) Pfanne die Tomaten, die Zwiebel und die Jalapeño anbraten. Beiseitestellen.

Eine andere Pfanne auf mittlerer Stufe erwärmen und die Tortillas vorbereiten. Aus den Teigklumpen kleine Scheiben formen und mit der Backrolle ausrollen. Ist die Pfanne richtig heiß, nacheinander die selbstgemachten Tortillas hineingeben und 8-10 Sekunden anbraten, dann wenden und nochmals ca. 1 Minute von der anderen Seite garen und schließlich erneut wenden, um die erste Seite 1 Minute zu braten. Keine Sorge, falls sich dabei Blasen bilden! Einfach mit einem Backspatel flachdrücken. Die fertigen Tortillas in einem sauberen Küchentuch einschlagen, damit sie warm bleiben.

In der Pfanne, in der die bisherige Füllung zubereitet wurde, etwas Butter schmelzen. In einer kleinen Schüssel die Eier mit etwas Milch vermengen und zusammen mit der Zwiebel-Tomaten-Jalapeño-Mixtur und den angebratenen Tortillastücken in die Pfanne geben. Behutsam garen und dabei möglichst wenig umrühren! Aus der Pfanne nehmen und etwas von der Füllung in die Mitte jeder Tortilla geben. Die Tortilla falten oder rollen und sofort genießen!

MIAMI METRO
POLICE DEPARTMENT
EMPLOYEE
IDENTIFICATION CARD
MORGAN
DEXTER
FORENSICS EXAMINER
06-79-93

FRÜHSTÜCK FÜR SERIENKILLER

»EIN HERRLICHER TAG! ZERSTÜCKELTE LEICHEN UND EINE LEICHTE REGENWAHRSCHEINLICHKEIT AM NACHMITTAG!«
– Dexter Morgan

ZUTATEN

Für 1 Portion

1 EL Butterschmalz
1 Minutensteak vom Schwein
Steakpfeffer
Meersalz
½ EL Butter
1 Ei
Salz
Pfeffer, frisch gemahlen
Paprikapulver
200 ml Granatapfelsaft

ZUBEREITUNG

In einer Pfanne bei mittlerer bis hoher Temperatur das Butterschmalz zerlassen. Das Minutensteak hineingeben und unter mehrmaligem Wenden von beiden Seiten scharf anbraten (jeweils ca. 30 Sekunden). Dabei gleichmäßig mit Steakpfeffer und Meersalz würzen. Aus der Pfanne nehmen, mit Alufolie abdecken und kurz ruhen lassen.

Die Pfanne mit Küchenpapier auswischen, kurz abkühlen lassen und das Ei direkt über der Pfanne aufschlagen. Da die Pfanne jetzt etwas abgekühlt ist, garen Eiweiß und Eigelb gleichmäßig. Ist die Oberfläche des Eis schließlich fest, das Spiegelei mit dem Pfannenwender behutsam aus der Pfanne nehmen und auf den Teller geben. (Wer das Eigelb lieber etwas fester mag, brät es einfach 30 Sekunden länger.) Mit Salz, frisch gemahlenem Pfeffer und etwas Paprikapulver bestreuen. Das Minutensteak dazulegen und sofort servieren. Echte Serienkiller trinken dazu ein stärkendes Glas Granatapfelsaft.

SAVE THE
TOWER
FLUX
COMPRESS
GRAY
THE NATION'S NEWSPAPER
USA TODAY
HILL VALLEY EDITION
6 DOLLARS
DIANA'S VISIT
WARNING: DO NOT CONSUME UNLESS FULLY REHYDRATED
PIZZA HUT
PEPPERONI
LOU'S CAFE
HILL AND MAIN
HILL VALLEY CALIFORNIA
Do not

DEHYDRIERTE PIZZA

»DOC! ICH KOMME AUS DER ZUKUNFT! ICH BIN HIER MIT EINER ZEITMASCHINE, DIE SIE ERFUNDEN HABEN, UND ICH BRAUCHE IHRE HILFE, UM WIEDER INS JAHR 1985 ZURÜCKZUKOMMEN!«

— Marty McFly

ZUTATEN

Für 2 Pizzen

1 EL Olivenöl
1 Zwiebel, fein gehackt
2 Knoblauchzehen, fein gehackt
300 g passierte Tomaten
1 EL Balsamicoessig
Salz und Pfeffer
2 EL Italienische Kräuter
1 frischer Blech-Pizzateig (400 g)
200 g Käse, gerieben
1 grüne Paprika, in feinen Streifen
150 g Peperonisalami, in Scheiben

ZUBEREITUNG

Das Olivenöl in einem Topf erhitzen, um die Zwiebeln und den Knoblauch anzuschwitzen. Das Tomatenpüree hinzugeben, kurz aufkochen und 5 Minuten bei geöffnetem Deckel köcheln lassen. Mit einem Spritzer Essig, Salz, Pfeffer und der Hälfte der Italienischen Kräuter abschmecken.

Den fertigen Teig zu zwei Pizzen ausrollen und auf ein mit Backpapier ausgelegtes Backblech legen. Die Tomatensauce darauf streichen und großzügig den Käse darüber reiben. Die obere Hälfte jeder Pizza mit den Paprikastreifen belegen, die untere Hälfte mit der Salami. Die restlichen Italienischen Kräuter darüber streuen und nach Anleitung des Fertigteigs ca. 12-15 Minuten im vorgeheizten Ofen bei 200° C backen.

Spongebob – Schwammkopf

KRABBENBURGER

»SCHADE, DASS SPONGEBOB NICHT HIER IST, UM DAS GEFÜHL ZU GENIESSEN, DASS SPONGEBOB NICHT HIER IST!«

— Thaddäus Tentakel

ZUTATEN

Für 4 Burger

1 Schalotte, fein gehackt
1 kleine Selleriestange, fein gehackt
2 EL Olivenöl
1 TL Thymian, frisch gehackt
100 g Paniermehl
1 EL Petersilie, frisch gehackt
1 TL Oregano
1 TL Zwiebelpulver
1 TL Knoblauchpulver
Salz und Pfeffer
400 g Garnelen, entdarmt, ohne Schwanz und ohne Kopf
1 EL Senf, mittelscharf
2 EL Mayonnaise
2 Eier
4 Burgerbrötchen mit Sesam
Cocktailsauce (fertig)
etwas Kopfsalat
4 Scheiben Ananas (aus der Dose)
4 Scheiben Cheddarkäse
1 Fleischtomate, in Scheiben
1 große rote Zwiebel, in Scheiben

ZUBEREITUNG

Die Schalotte zusammen mit dem fein gehackten Sellerie in einem EL Olivenöl zwei Minuten in der Pfanne anschwitzen. Den Thymian dazugeben und noch einen Moment weiter garen, bis die Schalotte glasig ist.

In einer großen Schüssel das Paniermehl mit der Petersilie, dem Oregano, dem Zwiebelpulver und dem Knoblauchpulver vermischen und mit Salz und Pfeffer würzen.

Die Garnelen klein hacken und mit der warmen Schalotten-Sellerie-Mischung, dem Senf, der Mayonnaise, dem gewürzten Paniermehl, den Eiern sowie etwas Salz und Pfeffer in der Schüssel vermischen und vier flache Frikadellen daraus formen. Die Frikadellen vorsichtig mit einem EL Öl je 2 Minuten von jeder Seite anbraten (dabei nur ein- oder zweimal anheben, damit die Frikadellen nicht auseinanderbrechen!) und anschließend für weitere 10 Minuten bei 200° C im vorgeheizten Backofen auf einem mit Backpapier ausgelegten Backblech zu Ende garen.

Die Burgerbrötchen kurz antoasten, halbieren, mit der unteren Hälfte anfangen und die Burger jeweils wie folgt belegen: eine Schicht Cocktailsauce, ein Blatt Kopfsalat, eine Scheibe Ananas, eine Frikadelle, eine Scheibe Cheddarkäse, ein Blatt Kopfsalat, zwei bis drei Tomatenscheiben (oder eine große), einige Zwiebelringe (je nach Geschmack), noch eine Schicht Cocktailsauce und zu guter Letzt die obere Hälfte des Brötchens. Sofort servieren.

CUBANOS

»HALT DIE KLAPPE UND KOSTE DAS HIER, AMUSE DOUCHE!«
– Martin

KÜHL- UND GARZEITEN BEACHTEN!

ZUTATEN

Für 12 Portionen

Für die Marinade:
400 ml Orangensaft
100 ml Limettensaft
100 ml Reiswein
50 g Salz
25 g Zucker
2-3 Knoblauchzehen, fein gehackt
1 TL Oregano, frisch gehackt
1 TL Thymian, frisch gehackt
1 TL Rosmarin, frisch gehackt
3 Lorbeerblätter
10 Pfefferkörner
30 ml Olivenöl

Für die Cubanos:
1 kg Schweinenacken
300 g Kochschinken, in Scheiben
Reichlich Butter
6 frische Baguettebrote
Reichlich Dijon-Senf
300 g Schweizer Käse, in Scheiben
200 g Gewürzgurken, in Scheiben

Außerdem erforderlich:
ein Kontaktgrill

ZUBEREITUNG

Das Fleisch zubereiten: Sämtliche Zutaten für die Marinade in einer großen Schüssel gründlich miteinander vermengen. Das Fleisch sorgsam parieren (also Sehnen, Fett und Silberhäutchen entfernen, möglichst ohne dabei das Fleisch zu verletzen), in die Marinade geben, abdecken und für mindestens 24 Stunden in den Kühlschrank stellen.

Rechtzeitig vor der Zubereitung aus dem Kühlschrank nehmen, die Marinade in eine Schale gießen (also auffangen) und das Fleisch Raumtemperatur annehmen lassen. Das Fleisch dann salzen, pfeffern und mittig auf ein Grillrost im vorgeheizten Backofen legen; darunter ein Backblech oder eine Schale mit Wasser platzieren, um a) das heruntertropfende Fett aufzufangen und b) dafür zu sorgen, dass der Braten nicht zu trocken wird. Bei 70° C ca. 3 Stunden lang garen.

Die aufgefangene Marinade in einem kleinen Kopf etwas einkochen und den Braten zwischendurch immer wieder damit bepinseln. Ist das Fleisch schließlich gar, beim Herausnehmen aus dem Ofen nochmals gründlich mit der Marinade glasieren. Den Braten anschließend in Alufolie einwickeln und 15 Minuten ruhen lassen, ehe er in ca. 2-3 cm dicke Scheiben geschnitten wird.

Die Cubanos zubereiten: Den Kontaktgrill auf 250° C indirekte Hitze vorheizen.

Den Schweinebraten und den Kochschinken in einer Pfanne mit etwas Butter kurz scharf anbraten. Die Baguettebrote in der Mitte teilen (je nach Länge) und längs aufschneiden. Ist der Kontaktgrill richtig heiß, die Grillfläche großzügig mit Butter einreiben und die Innenseiten der Brothälften kurz anrösten.

Die Brothälften innen mit ordentlich Senf bestreichen. Gleichmäßig mit Schweinebratenscheiben belegen, dann den angebratenen Kochschinken darauf geben, gefolgt von reichlich Käse und den Gewürzgurkenscheiben. Die »eingesenfte« obere Brothälfte darauf legen und die Oberseite des Baguettes mit reichlich Butter bestreichen. Den Grill erneut mit Butter einfetten und das Sandwich darauf legen. Den Deckel des Grills fest runterdrücken, unten halten und die Cubanos so lange grillen, bis der Käse hübsch geschmolzen und das Brot leicht knusprig ist. Sofort servieren.

WASSERMELONENSALAT

»WILLKOMMEN ZUR APOKALYPSE!«
– Roadhog

ZUTATEN

Für 2-3 Portionen

100 g Kalamon-Oliven, entsteint, geviertelt
½ rote Zwiebel, in feinen Streifen
100 g zerbröselter Fetakäse
10 frische Minzblättchen, fein gehackt
¼ einer großen Wassermelone, gewürfelt
2 TL Olivenöl
1 TL Balsamicoessig
Salz und Pfeffer

ZUBEREITUNG

In einer Schüssel die Oliven, die Zwiebel, den zerbröselten Fetakäse und die gehackte Minze gründlich miteinander vermengen.

Die Wassermelonenwürfel dazugeben. Mit dem Olivenöl, dem Balsamicoessig, Salz und Pfeffer würzen. Behutsam durchmischen.

BUBBA
SHRIMP
Gift

Forrest Gump

MAMA BLUES SHRIMPSALAT

»MAMA HAT IMMER GESAGT: DAS LEBEN IST WIE EINE SCHACHTEL PRALINEN – MAN WEISS NIE, WAS MAN KRIEGT.«

– Forrest Gump

ZUTATEN

Für 4 Portionen

1 l Wasser

750 g ungeschälte große Shrimps (z. B. King Prawns)

75 g grüne Paprikaschote, fein gehackt

75 grüne Oliven mit Paprikafüllung, in Scheiben geschnitten

110 ml fertiges italienisches Salatdressing

40 g Stangensellerie, fein gehackt

3 EL süßsaures Gurkenrelish

2 EL Olivenöl

2 TL frische Petersilie, fein gehackt

1½ TL Zitronensaft

1 Frühlingszwiebel, fein gehackt

etwas Friséesalat

etwas Eisbergsalat, fein geschnitten

ZUBEREITUNG

Das Wasser in einem großen Topf zum Kochen bringen, die Schrimps hineingeben und ca. 3-5 Minuten kochen lassen, bis die Shrimps rosa sind. Abgießen, die Shrimps gut abtropfen lassen und unter kaltem Wasser abschrecken. 15 Minuten kühl stellen.

Die abgekühlten Shrimps schälen, die Därme entfernen und die Shrimps in eine große flache Schüssel geben. In einer anderen Schüssel die Paprika, die Oliven, das Dressing, den Stangensellerie, das Gurkenrelish, das Olivenöl, die Petersilie, den Zitronensaft und die Frühlingszwiebel miteinander verrühren, über die Shrimps gießen und darunter heben. Abgedeckt im Kühlschrank ca. 2-3 Stunden marinieren, dabei gelegentlich umrühren.

Zum Servieren den Friséesalat auf vier Tellern anrichten, den Eisbergsalat darauf häufen und schließlich die Shrimps und die Sauce gleichmäßig auf dem Salat verteilen.

WARNING
Morleys
Morleys

RICKS GURKENSALAT

»ALLES, WAS ICH NOCH BIN, IST EIN MANN, DER SEINE FRAU UND SEIN KIND SUCHT. UND JEDER, DER SICH MIR IN DEN WEG STELLT, ZIEHT DEN KÜRZEREN.«
— Rick Grimes

ZUTATEN

Für 4 Portionen

2 mittelgroße Salatgurken, geschält und in 6 mm dicke Scheiben geschnitten
Salz, zum Abschmecken
120 ml Apfelessig
120 ml Wasser
1 Esslöffel Kristallzucker
½ Teelöffel Selleriesalz
1 mittelgroße Süßzwiebel, fein gehackt
100 ml Naturjoghurt
3 EL Senf, mittelscharf
Schwarzer Pfeffer, frisch gemahlen, zum Abschmecken
etwas Schnittlauch, frisch gehackt

ZUBEREITUNG

Die in Scheiben geschnittenen Salatgurken in eine große Rührschüssel geben und großzügig mit Salz bestreuen. Gründlich vermengen und beiseitestellen.

Den Essig, das Wasser, den Zucker und das Selleriesalz in einem kleinen Kochtopf vermengen und bei mittlerer Hitze erwärmen, bis die Mischung dampft, aber nicht kocht.

Die Flüssigkeit abgießen, die sich in der Gurkenschüssel gebildet hat, und die Gurkenscheiben mit den gehackten Zwiebeln vermischen. Behutsam den Naturjoghurt und den Senf einarbeiten.

Das Dressing über den Salat gießen und vor dem Servieren mindestes eine Stunde im Kühlschrank ruhen lassen. Wiederum vorsichtig alle Flüssigkeit abgießen.

Den Salat vor dem Servieren durchmischen, mit schwarzem Pfeffer abschmecken und mit frisch gehacktem Schnittlauch garnieren.

SPAM

LACHSSCHAUMSPEISE

»GARÇON, EINEN EIMER FÜR MONSIEUR!«
— Oberkellner

KÜHLZEIT BEACHTEN!

ZUTATEN

Für 4 Portionen

250 g Räucherlachs
5 Blätter Gelatine (weiß)
125 ml Geflügelbrühe
200 ml Sahne
150 ml Tomatensaft
3 EL Sherry (trocken)
2 Bund Dill, gezupft
1 Limette (Saft)
1 Prise Zucker
Pfeffer
Cayennepfeffer
Tabasco

ZUBEREITUNG

Den Räucherlachs in Stücke schneiden, die Gräten entfernen. Derweil die Gelatine in kaltem Wasser einweichen.

Die Geflügelbrühe erhitzen, drei eingeweichte Gelatine-Blätter ausdrücken und in der heißen (nicht kochenden) Brühe unter Rühren auflösen. Etwas abkühlen lassen und dann mit dem Lachs und zwei EL Sherry fein pürieren. Die Sahne steif schlagen und unter die Masse heben. Mit Pfeffer und Limettensaft abschmecken.

Für das Tomatengelee vier EL Tomatensaft erhitzen. Zwei Blätter eingeweichte Gelatine ausdrücken und unter Rühren im Tomatensaft erhitzen. Den übrigen Saft unterrühren. Mit Zucker, Salz, Tabasco und ½ EL Sherry würzen.

Vier Portionsförmchen (ca. 200 ml) oder eine große Schüssel kalt ausspülen und den Tomatensaft darin verteilen. Im Kühlschrank fest werden lassen (ca. 1 Stunde). Die Förmchen/die Schüssel aus dem Kühlschrank nehmen und den Lachsschaum gleichmäßig auf den Tomatenspiegel streichen. Wiederum im Kühlschrank ca. 2 Stunden fest werden lassen.

Zum Servieren die Förmchen/die Schüssel kurz in heißes Wasser tauchen und dann vorsichtig auf flache Teller stürzen. Die Limette waschen, trocknen und in Scheiben schneiden. Den Dill waschen, trockenschütteln und die Fähnchen abzupfen. Das Gericht mit Dill und Limettenstreifen garniert servieren und auf den Tod warten.

DRACHENODEMCHILI

»DU NICHT NEHMEN KERZE!«
– Kobold

ZUTATEN

Für 6-8 Portionen

1 Knoblauchzehe, fein gehackt
2 Stangen Frühlingszwiebeln, klein geschnitten
3 große Schalotten, fein gehackt
Olivenöl, zum Anbraten
500 g Thüringer Mett
100 g Schinkenwürfel
200 ml trockener Rotwein
2 Dosen Kidneybohnen, abgetropft (ca. 800 g)
2 Dosen Pizzatomaten (ca. 800 g)
500 g passierte Tomaten
1 Dose Mais (ca. 150 g)
2 EL Tomatenmark
2 Lorbeerblätter
2-3 Pimentkörner
1 Gewürznelke
1 Tasse Kaffee
1 Spritzer Zitrone
1 Prise Zucker
Zum Würzen: Pfeffer, Salz, Paprikapulver edelsüß, Kümmel, Oregano, eine Prise Zimt
Cayennepfeffer oder 1 kleine rote Chilischote, fein gehackt, nach Belieben
1 Bund Koriander, frisch gezupft und fein gehackt

ZUBEREITUNG

Den Knoblauch, die Frühlingszwiebeln und die Schalotten schälen und klein schneiden.

In einem Topf etwas Öl heiß werden lassen und das Hackfleisch anbraten. Beiseitestellen.

In einem zweiten, möglichst großen Topf die Schalotten und die Schinkenwürfel anbraten. Die Frühlingszwiebeln und den Knoblauch dazugeben und anschwitzen. Das Tomatenmark dazugeben und anrösten. Anschließend das Hackfleisch hinzugeben und alles gut miteinander vermengen.

Die Kidneybohnen, die Pizzatomaten, den Mais und die passierten Tomaten zusammen mit den Lorbeerblättern, dem Piment und der Nelke in den Topf geben. Mit dem Rotwein und einer Tasse Kaffee aufgießen (der Kaffee sorgt für ein rauchiges Röstaroma). Alles gut miteinander verrühren.

Jetzt geht´s ans Würzen: Nach Belieben Pfeffer, Salz, Paprikapulver edelsüß, etwas Kümmel, Oregano und etwas Zimt sowie eine kleine Prise Zucker dazugeben. Für die chilitypische Schärfe sorgen entweder Cayennepfeffer oder eine kleine, fein gehackte rote Chilischote. (Alternativ kann man natürlich auch eine fertige Chili-con-Carne-Gewürzmischung verwenden.) Achtung: Das Chili behutsam »schärfen«; lieber nachwürzen, als zu riskieren, dass das Ganze am Ende zu scharf wird!

Das Ganze zehn Minuten ohne Deckel unter regelmäßigem Umrühren köcheln lassen. In der Zwischenzeit den Koriander zupfen, kleinhacken und zusammen mit einem Spritzer Zitrone in den Topf geben. Abgedeckt nochmals ca. zwanzig Minuten bei niedrigerer Temperatur durchziehen lassen.

RAMEN

»KAEDAMA!«
— Genj

KÜHLZEIT BEACHTEN!

ZUTATEN

Für 6-8 Portionen

Für die Hühnerbrühe:
etwas Öl, zum Anbraten
1 Schalotte, grob gehackt
3 Möhren, grob gewürfelt
1 Sellerieknolle, in grobe Blöcke geschnitten
1 Stange Porree, fein geschnitten
1 frisches Brathühnchen, ca. 1,2 kg
1 Glas Geflügelfond (400 ml)
2 Lorbeerblätter
½ Stange Zitronengras, fein gehackt
2½ EL Sojasauce
2 EL Mirin-Reiswein
1 EL gekörnte Gemüsebrühe
200 g gemischte asiatische Pilze (z. B. Shiitake, Austernpilze, Mu-Err, Enoki)

Für den Schweinebauch:
500 g Schweinebauch, am Stück (ohne Knochen)
3 cm Ingwer, frisch gerieben
3 Knoblauchzehen, gepresst
2 TL dunkles Sesamöl
1 TL Honig
100 ml Sojasauce
100 ml Reiswein
1 EL Zucker
2 EL Erdnussöl

Für die Eier:
6 Eier
Schweinebauchsud (siehe oben)

Sonstige Einlage:
250 g Ramen-Nudeln
½ Bund Lauchzwiebeln, klein geschnitten

ZUBEREITUNG

Die Hühnerbrühe zubereiten: Das Hühnchen in einen möglichst großen Topf geben. In einer Pfanne mit etwas Öl die Schalotte und das Suppengemüse (Sellerie, Möhren, Porree) anbraten. In den Topf mit dem Hühnchen geben, den Fond dazu gießen und mit so viel Wasser auffüllen, dass das Hühnchen komplett bedeckt ist. Die übrigen Zutaten (bis auf die Pilze) dazugeben und bei mittlerer Temperatur abgedeckt ca. 1,5 Stunden köcheln lassen. Dann aus der Brühe nehmen, die Haut entfernen und sorgsam das »gute« Fleisch abzupfen. Das Fleisch in mundgerechte Stücke schneiden und beiseitestellen. Die Suppenbrühe durch ein feines Sieb filtern, die Brühe auffangen, zusammen mit den Pilzen zurück in den Topf geben und weiter sanft köcheln lassen.

Den Schweinebauch zubereiten: Die Schwarte des Schweinebauchs kreuzweise mit einem scharfen Messer einschneiden. Alle Zutaten für die Marinade in einer kleinen Schüssel gut miteinander vermischen und die Fleischseite des Schweinebauchs mit der Hälfte der Marinade einreiben. Das Fleisch aufrollen und stramm mit Küchengarn verschnüren. Zusammen mit der restlichen Marinade in einen großen Gefrierbeutel geben, alle Luft rausdrücken, luftdicht verschließen und 24 Stunden in den Kühlschrank geben.

Den marinierten Schweinebauch in einen Schmortopf geben und mit 2 EL Erdnussöl rundum scharf anbraten. Vom Herd nehmen, die Marinade darüber gießen und im vorgeheizten Backofen bei 150° C abgedeckt mit Alufolie 2 Stunden lang schmoren. Alle 30 Minuten wenden. Dann die Alufolie entfernen und nochmals 30 Minuten offen garen. Aus dem Ofen nehmen und 30 Minuten ruhen lassen. Unmittelbar vor dem Servieren in 2-3 cm dicke Scheiben schneiden.

Die Eier zubereiten: Die Eier in einem kleinen Topf »hart« kochen, etwas abkühlen lassen und pellen. Den Schweinebauchsud in denselben Topf füllen, die Eier hineingeben und bei niedriger Temperatur 10 Minuten köcheln lassen. Die Eier dann herausnehmen und beiseitestellen.

Die Nudeln zubereiten: Nach Packungsanleitung die Ramen-Nudeln zubereiten, abgießen und abtropfen lassen.

Alles zusammenfügen: Zuerst die Nudeln in die Schüsseln geben, dann mit Hühnerbrühe aufgießen, bis die Nudeln komplett davon bedeckt sind. Je nach Geschmack Hühnerfleisch und Pilze hinzufügen und zwei Stücke Schweinebauch auf den Nudeln drapieren. Jeweils ein ganzes halbiertes Ei dazugeben und mit Lauchzwiebeln bestreuen. Sofort servieren.

BORSCHTSCH

»SSSSSSSSSS ... KA-WUMMMM!«
– Creeper

RUHEZEIT BEACHTEN!

ZUTATEN

Für 4-6 Portionen

500 g Rinder-Suppenfleisch
1 l Wasser
1 Zwiebel, fein gewürfelt
300 g Weißkohl, in feine Streifen geschnitten
2 vorgekochte Rote Beete, fein gerieben
4 große Kartoffeln, gewürfelt
1 große Möhre, fein gerieben
2-3 Knoblauchzehen, gepresst
1 rote Paprika, gewürfelt
5 EL Tomatenmark
2-3 Lorbeerblätter
400 ml Rinderfond
etwas Schmalz
200 g Pizzatomaten
3 Zweige Petersilie, frisch gehackt
Salz, Pfeffer
1 EL Essig
1 Prise Zucker
100 g Schmand
1 Spritzer Zitronensaft

ZUBEREITUNG

Das Rindfleisch mit 1 l Wasser und etwas Salz in einem großen Topf gar kochen (ca. 30 Minuten).

So lange das Fleisch gart, das Gemüse vorbereiten. Hierzu die Kartoffeln schälen und würfeln. Die Möhre schälen und mit einem Küchenhobel fein reiben. Die Paprika entkernen und in kleine Würfel schneiden. Die Zwiebel abziehen und fein würfeln. Den Weißkohl in feine Streifen schneiden (ca. ⅓ Kohlkopf). Die Rote Beete fein reiben. Achtung: Das Zeug färbt höllisch! Beim Verarbeiten der Rote Beete am besten Gummihandschuhe tragen!

Ist das Fleisch gar, aus dem Topf nehmen. Die Fleischbrühe durch ein Sieb in einen anderen (großen) Topf gießen. Die Brühe bei maximaler Temperatur zum Köcheln bringen. Die Lorbeerblätter hinzugeben und den Rinderfond dazu gießen. Die Kartoffeln und den Kohl in das kochende Wasser geben. Abschmecken und bei Bedarf etwas Salz dazugeben.

In einer Pfanne bei maximaler Hitze mit etwas Schmalz die Zwiebeln und den Knoblauch glasig dünsten. Das Tomatenmark dazugeben. Einen Moment später die Möhrenraspeln, die Paprika und die Pizzatomaten hinzufügen. Einige Minuten unter gelegentlichem Umrühren garen. Etwas salzen. Die Rote Beete mit in die Pfanne geben und alles gut vermischen. Wiederum 2-3 Minuten garen, dann in den Topf mit der Brühe geben.

Das Fleisch von Fett befreien, klein schneiden und mit in den Topf geben. Die frisch gehackte Petersilie einrühren. Mit Salz, Pfeffer, Essig und einer Prise Zucker abschmecken. Noch einmal kurz aufkochen. Die Lorbeerblätter herausnehmen und entsorgen. Die Suppe ist fertig, wenn das Kraut halbfest ist. Besser ist es allerdings, die Borschtsch vor dem Servieren einige Stunden (am besten über Nacht) durchziehen zu lassen, damit die Suppe ihr volles Aroma entfalten kann!

Den Schmand in einer kleinen Schüssel gründlich mit dem Dill und einem Spritzer Zitronensaft verrühren und als Haube auf die warme Suppe geben. Sofort servieren!

EINE SCHALE BRAUNES

»DU WEISST GAR NICHTS, JON SCHNEE!«
— Ygritte

ZUTATEN

Für 4 Portionen

300 g Tellerlinsen
2 Karotten, fein gewürfelt
3 Kartoffeln, fein gewürfelt
1 große Zwiebel, fein gehackt
150 g Schinkenwürfel
4-5 EL Olivenöl
500 ml Wasser
1 Lorbeerblatt
500 ml Gemüsebrühe
4 Stücke frischer Bauchspeck
etwas Butter, zum Anbraten
2-3 EL Kräuteressig (je nach Geschmack)
Selleriesalz, Pfeffer, Liebstöckel (zum Würzen)

TIPP

Wie alle Eintöpfe schmeckt auch dieser am besten, wenn er die Möglichkeit hatte, in Ruhe durchzuziehen, also nach Möglichkeit erst einen Tag nach der Zubereitung servieren!

ZUBEREITUNG

Die Linsen in eine Schüssel geben und mit Wasser waschen (Einweichen ist nicht notwendig). Die Karotten, die Kartoffeln und die Zwiebel schälen und fein würfeln.

In einem großen Topf 2-3 EL Olivenöl erhitzen, die Zwiebel hineingeben und andünsten. Die Schinkenwürfel dazugeben und 1-2 Minuten garen, dann das Wasser, das Gemüse, die Linsen, das Lorbeerblatt und die Gemüsebrühe dazugeben und bei geschlossenem Deckel auf mittlerer Stufe ca. 40-45 Minuten sanft köcheln lassen bzw. so lange, bis die Linsen weich sind. Sollte der Eintopf zu dickflüssig sein, noch etwas Wasser dazugeben. Ist hingegen noch zu viel Flüssigkeit im Topf, etwas einreduzieren.

In der Zwischenzeit mit etwas Butter den Bauchspeck in einer Pfanne von beiden Seiten scharf anbraten.

Sind die Linsen schließlich fertig, das Lorbeerblatt entfernen, den Essig einrühren (je nach Geschmack) und den Eintopf mit Selleriesalz, Pfeffer und Liebstöckel abschmecken. Zum Servieren auf vier tiefe Teller geben und jeweils mit einem Streifen gebratenem Bauchspeck garnieren.

COMTESSE

MULLIGATAWNY-SUPPE

»THE SAME PROCEDURE AS LAST YEAR?«
– Butler James

ZUTATEN

Für 4 Portionen

2 Hähnchenbrüste ohne Haut
Salz, Pfeffer
140 g Butter
1 Zwiebel, fein gewürfelt
1 Knoblauchzehe, zerdrückt
etwas Lauch, geschnitten
1 kleine Karotte, gewürfelt
etwas Sellerie, geschnitten
1 Kartoffel, gewürfelt
1 Tomate, gewürfelt
1 rote Chilischote, grob geschnitten
ca. 3 cm Ingwer, grob geschnitten
1 Apfel, geschält und gewürfelt
½ Mango, geschält und gewürfelt
1 kleines Stück Ananas, gewürfelt
4 EL indische Currymischung
½ l Hühnerbrühe
1 EL Currypaste
100 ml Orangensaft
250 ml Kokosmilch
60 ml Sahne
Limonensaft
Cayennepfeffer
Kurkuma
frisches Koriandergrün

ZUBEREITUNG

Die Hähnchenbrüste von beiden Seiten salzen und pfeffern. 20 g Butter in eine Bratpfanne geben, bei mittlerer Temperatur schmelzen, die Hühnchenbrüste leicht von beiden Seiten anschwitzen, aus der Pfanne nehmen und locker in Alufolie wickeln. Im vorgeheizten Backofen bei 75° C 30 Minuten ziehen lassen. Warmstellen.

In der Zwischenzeit die Zwiebel und den zerdrückten Knoblauch in 80 g Butter glasig dünsten. Den Lauch, die Karotte, den Sellerie, die Tomaten- und die Kartoffelwürfel dazugeben und mit angehen lassen. Die Chilischote und den Ingwer in grobe Stücke schneiden und mitdünsten.

Etwas von den Obstwürfeln (Mango, Ananas, Apfel) für die Garnitur aufheben, den Rest zum Gemüse geben, darin mit nochmals 20 g Butter anschwitzen. Alles großzügig mit Currypulver bestäuben und mit Hühnerbrühe aufgießen. Die Currypaste einrühren, den Orangensaft und die Kokosmilch dazugeben. Alles ca. 30 Minuten mit offenem Deckel köcheln lassen, bis sämtliche Zutaten gar sind.

Anschließend alles mit dem Handmixer fein pürieren und durch ein Sieb passieren. Die halbsteif geschlagene Sahne unterrühren und mit Limonensaft, Salz, Cayennepfeffer und Kurkuma abschmecken.

Die restlichen Obstwürfel in 20 g Butter anschwenken, auf Suppenteller verteilen und darauf je ein Stück Hähnchenbrust legen. Die Suppe angießen. Mit frischem Koriander garnieren.

JAMBALAYA DER BRUDERSCHAFT

»NICHTS IST WAHR. ALLES IST ERLAUBT.«
– Kredo der Assassinen

ZUTATEN

Für 4 Portionen

2 Knoblauchzehen, fein gehackt
2 Zwiebeln, grob gewürfelt
2 Stangen Sellerie, grob gewürfelt
1 grüne Paprikaschote, grob geschnitten
200 g Chorizo
200 g Hähnchenbrust
2 EL Öl
400 g Pizzatomaten (aus der Dose)
2 Lorbeerblätter
2-3 EL Cajun-Gewürzmischung
250 g Langkornreis
ca. 1 l Hühnerbrühe
12 große, ungeschälte Garnelen, ohne Kopf
Salz
Schwarzer Pfeffer
Zucker
Rote Tabasco-Sauce

ZUBEREITUNG

Die Chorizo-Paprikasalami in ca. 2 cm große Würfel schneiden. Das Hähnchenfleisch in ca. 4 cm große Würfel schneiden.

Das Öl in einem weiten Topf erhitzen. Die Chorizo kurz scharf anbraten, aus dem Fett heben und beiseitestellen. Das Hähnchenfleisch in den Topf geben und rundherum im Bratfond anbraten. Herausnehmen und ebenfalls beiseitestellen.

Die Zwiebeln, den Sellerie, den Knoblauch und die Paprika in den Topf geben und bei mittlerer Hitze ca. 5 Minuten dünsten. Die Pizzatomaten, die Lorbeerblätter, das Cajun-Gewürz, den Reis und 800 ml von der Hühnerbrühe dazugeben. Gründlich vermischen, alles aufkochen und abgedeckt bei mittlerer Hitze ca. 10 Minuten köcheln lassen.

In der Zwischenzeit die Garnelen bis auf das Schwanzsegment von den Schalen befreien. Die Garnelen entdarmen, kalt abspülen und mit Küchenpapier trockentupfen. Sind die 10 Minuten Garzeit um, die Garnelen zusammen mit der Chorizo und dem Hähnchenfleisch unter den Reis rühren. Unter gelegentlichem Umrühren weitere 15 Minuten offen köcheln lassen, bis der Reis und die Garnelen gar sind. Bei Bedarf (falls das Ganze zu trocken wird) noch etwas Brühe hinzufügen. Mit Salz, Pfeffer, Zucker und Tabasco abschmecken. Möglichst sofort servieren.

MONSTERSUPPE

»DAS SCHICKSAL HYRULES SOLL WIRKLICH IN DEN HÄNDEN DIESER SCHLAFMÜTZE LIEGEN?!«
— Navi

ZUTATEN

Für 3-4 Portionen

2 kleine lila Süßkartoffeln, in groben Stücken
2-3 EL Rapsöl
1 Fenchelknolle, grob gehackt
½ Zwiebel, grob gehackt
100 g Schinkenwürfel
3 Knoblauchzehen, grob gehackt
1 TL getrockneter Thymian
1 TL getrockneter Salbei
300 g küchenfertiger Rotkohl (aus dem Glas)
500 ml Gemüsebrühe
Saft von 1 Limette
Salz, Pfeffer
etwas Kokosnussmilch

ZUBEREITUNG

Den Backofen auf 190° C vorheizen. Die Süßkartoffeln mehrmals mit einer Gabel einstechen, einzeln in Alufolie wickeln und auf ein mit Backpapier ausgelegtes Backblech geben. Für 1 Stunde in den Ofen schieben. Die Süßkartoffeln sind fertig, wenn sie sich mit einem Messer mühelos einschneiden lassen. Falls nicht, noch ein bisschen länger im Ofen lassen, bis die Kartoffeln weich genug sind.

In der Zwischenzeit in einem großen Topf bei mittlerer Hitze das Rapsöl erhitzen. Den Fenchel, die Zwiebel und den Knoblauch hineingeben und scharf anschwitzen. Dann die Schinkenwürfel dazugeben, scharf anbraten und das Ganze unter regelmäßigem Rühren ca. 10 Minuten garen. Das Gemüse schließlich mit dem Thymian und dem Salbei bestreuen. Den fertigen Rotkohl und die Gemüsebrühe dazugeben und leicht zum Köcheln bringen. Die Hitze reduzieren und 10 Minuten köcheln lassen.

Sind die Kartoffeln schließlich fertig, aus dem Ofen nehmen und mit in den Topf geben. Mit einem Stabmixer nicht zu fein pürieren. Den Limettensaft unterrühren, mit Salz und Pfeffer würzen und noch einmal erwärmen. In tiefen Tellern oder Schüsseln anrichten und mit einigen Klecksern Kokosnussmilch dekorieren.

NUDELSUPPE MIT DIM SUM

»ICH BIN NICHT IRGENDEIN DICKER, FETTER PANDA. ICH BIN DER DICKE, FETTE PANDA!«
— Po

ZUTATEN

Für 6 Portionen

Für die Suppe:
etwas Öl, zum Anbraten
1 Schalotte, grob gehackt
3 Möhren, grob gewürfelt
1 Sellerieknolle, in grobe Blöcke geschnitten
1 Stange Porree, fein geschnitten
1 frisches Brathühnchen, ca. 1,2 kg
1 Glas Geflügelfond (400 ml)
2 Lorbeerblätter
½ Stange Zitronengras, fein gehackt
2½ EL Sojasauce
2 EL Mirin-Reiswein
1 EL gekörnte Gemüsebrühe
250 g Udon-Nudeln
200 g gemischte asiatische Pilze (z. B. Shiitake, Austernpilze, Mu-Err, Enoki)
100 g Sojasprossen
1 EL frisch geriebener Ingwer
½ Bund Lauchzwiebeln, klein geschnitten
Pfeffer, Salz
½ Bund Koriander, fein gehackt

Für die Dim Sum:
500 g Mehl
1 TL Salz
400 ml Wasser
250 g Porree, fein gehackt
250 g Thüringer Mett
1 TL Zucker
1 TL Sesamöl
½ TL Pfeffer
½ TL Fünf-Gewürze-Pulver

Außerdem erforderlich:
Dämpfeinsatz oder Dampfgarer

ZUBEREITUNG

Die Suppe zubereiten: Das Hühnchen abwaschen und in einen möglichst großen Topf geben. In einer Pfanne mit etwas Öl die Schalotte und das Suppengemüse (Sellerie, Möhren, Porree) anbraten. In den Topf mit dem Hühnchen geben, den Fond dazu gießen und mit so viel Wasser auffüllen, dass das Hühnchen komplett damit bedeckt ist. Die Lorbeerblätter, das Zitronengras, die Sojasauce, den Reiswein und die gekörnte Gemüsebrühe dazugeben und bei mittlerer Temperatur abgedeckt ca. 1,5 Stunden köcheln lassen. Das Hühnchen ist gar, wenn es leicht auseinanderzufallen beginnt. Dann aus der Brühe nehmen, die Haut entfernen und sorgsam das »gute« Fleisch abzupfen. Das Hühnchenfleisch in mundgerechte Stücke schneiden und beiseitestellen.

Die Suppenbrühe durch ein feines Sieb filtern und die Brühe auffangen. Zurück in den Topf geben und wieder warm machen. Die Udon-Nudeln, die asiatischen Pilze und die Sojasprossen zusammen mit etwas frisch geriebenem Ingwer in den Topf geben und alles fünf Minuten in der heißen Brühe ziehen lassen. Zuletzt mit Salz und Pfeffer abschmecken, die Lauchwiebeln einrühren, das Hühnerfleisch hineingeben und die Suppe mit etwas frisch gehacktem Koriander bestreut zusammen mit den Dim Sum (siehe unten) servieren.

Die Dim Sum zubereiten: Das Mehl in eine Schüssel sieben und mit dem Salz vermengen. Nach und nach das Wasser dazu gießen und alles zu einem geschmeidigen Teig kneten. Den Teig zu einer Rolle von etwa 5 cm Durchmesser formen. Diese Rolle in vierundzwanzig gleich große Stücke teilen. Jedes Stück mit den Händen kreisförmig auf der leicht mit Mehl bestreuten Arbeitsfläche flach drücken. Die Teigkreise sollten einen Durchmesser von ca. 6 cm haben.

Den feingehackten Porree in einer anderen Schüssel mit dem Thüringer Mett vermengen und alle übrigen Zutaten dazugeben. Ggf. nach Geschmack nachwürzen. Alles gut durcharbeiten und 1 EL Füllung in die Mitte jeder Teigscheibe geben. Die Teigseiten nach oben biegen, um die Füllung herum verschließen und oben mit den Fingern zusammendrücken, um eine hübsche, geschlossene Teigtasche zu formen. In einem großen Kochtopf ca. 1-2 Zentimeter hoch Wasser zum Kochen bringen. Den Dämpfeinsatz einhängen (zur Not tut´s auch ein Nudelsieb), so viele Dum Sum hineingeben, wie reinpassen, ohne aneinanderzustoßen, die Hitze auf Mittel reduzieren und den Deckel möglichst fest verschließen. Ca. 15-20 Minuten garen. Achtung: Währenddessen den Deckel nicht anheben, da sonst der Dampf entweicht!

TX487
N7
TEMPEST

ASARI-CALAMARI-GUMBO

»STEH IN DER ASCHE VON EINER BILLION TOTER SEELEN UND FRAGE DIE GEISTER, OB EHRE WICHTIG IST. DIE STILLE IST DEINE ANTWORT.«

– Javik

ZUTATEN

Für ca. 8 Portionen

500 g TK-Tintenfischringe, aufgetaut
Salz, Pfeffer
2 EL Knoblauchpulver
2 EL Paprikapulver
2 EL Zwiebelpulver
Olivenöl
1 große Zwiebel, gewürfelt
1 Bund Frühlingszwiebeln, gehackt
4 Stängel Staudensellerie, gehackt
1 grüne Paprikaschote, gewürfelt
3 EL Oregano, gemahlen
2 TL Cayennepfeffer
4 Lorbeerblätter
500 g Garnelen, geschält und entdarmt
200 g Langkornreis
500 ml Weißwein, trocken
500 g Chorizo, in Scheiben geschnitten
3 EL karibische Scampi- und Fischgewürzmischung

ZUBEREITUNG

Die aufgetauten Tintenfischringe kräftig mit Salz, Pfeffer, Knoblauch-, Zwiebel- und Paprikapulver würzen und in einer mit Frischhaltefolie abgedeckten Schüssel ca. 20 Minuten im Kühlschrank ziehen lassen.

In der Zwischenzeit in einer großen Pfanne oder einem weiten Topf etwas Olivenöl erhitzen und die Zwiebel, die Frühlingszwiebeln, den Sellerie und die Paprika scharf anbraten. Den Oregano, den Cayennepfeffer und die Lorbeerblätter hinzufügen, die Garnelen und den Reis hineingeben und mit so viel Weißwein aufgießen, bis alles von Flüssigkeit bedeckt ist. Bei mittlerer Temperatur aufkochen und köcheln lassen.

Derweil in einer anderen Pfanne die Tintenfischringe mit etwas Öl scharf von beiden Seiten anbraten. In den Topf mit dem Gumbo geben. Die Chorizo-Wurstscheiben in derselben Pfanne kurz von beiden Seiten scharf anbraten und ebenfalls in den Topf geben. Alles gut verrühren, mit der Scampi-Gewürzmischung abschmecken und nochmals ca. 20 Minuten auf kleiner Flamme köcheln lassen. Am Ende der Kochzeit erneut abschmecken, ggf. nachwürzen und sofort servieren.

DUBIOSE MATSCHE

»LICHT UND SCHATTEN SIND ZWEI SEITEN DERSELBEN MEDAILLE – UNTRENNBAR MITEINANDER VERBUNDEN.«
– Prinzessin Zelda

KÜHLZEIT BEACHTEN!

ZUTATEN

Für 3 Portionen

6 Hühnerkeulen
Salz, Pfeffer
1 Zwiebel, grob geschnitten
1 Möhre, grob geschnitten
1 Sellerierippe, grob geschnitten
4 Knoblauchzehen, grob gehackt
1 EL Schwarze Pfefferkörner, ganz
3-4 Zweige Thymian
2 Lorbeerblätter
1 Bund Petersilie, grob gehackt
1,5 l Rotwein
etwas Butter
5 EL Olivenöl
80 g Mehl
Grünes Pesto (fertig)

ZUBEREITUNG

Die Hühnerkeulen waschen, abtrocknen und mit Salz und Pfeffer würzen. In eine große Schüssel geben und die Zwiebel, die Möhre, den Sellerie und den Knoblauch dazugeben – alles in möglichst großen Stücken und nicht zu fein gehackt, damit man später noch etwas davon erkennt. Die Pfefferkörner, den Thymian, die Lorbeerblätter und die Petersilie hinzufügen. Mit dem Rotwein aufgießen und alles gut vermischen, bis die Hühnchen komplett mit Flüssigkeit bedeckt sind. Die Schüssel fest mit Frischhaltefolie abdecken und für 24 Stunden in den Kühlschrank stellen.

Nach dem Marinieren die Hühnerkeulen aus der Schüssel nehmen. Die Marinade durch ein Sieb abgießen, um das Gemüse und die Kräuter herauszufiltern. Die Marinade vollständig auffangen; die Lorbeerblätter und die Thymianzweige herausfischen.

In einer großen Pfanne erst die Butter und dann das Olivenöl erwärmen. Die Hühnerkeulen scharf von allen Seiten anbraten, aber NICHT durchgaren! Sobald die Keulen etwas Farbe angenommen und sich die Poren durch das Anbraten geschlossen haben, sodass das Fleisch saftig bleibt, die Keulen aus der Pfanne nehmen und stattdessen das Gemüse hineingeben. 10 Minuten bei mittlerer Temperatur garen. Dann das Mehl dazugeben und alles gründlich miteinander vermischen. Anschließend zwei weitere Minuten unter ständigem Rühren garen. Die Hühnerkeulen mit in die Pfanne geben und mit der gesamten aufgefangenen Marinade aufgießen. Abgedeckt bei niedriger Temperatur 1,5 Stunden köcheln lassen.

Zum Anrichten das Gemüse unten auf den Teller geben und jeweils zwei Hühnerkeulen darauf drapieren. Mit etwas grünem Pesto bestreichen, und die Dubiose Matsche ist fertig.

FBI

LEBER MIT FAVA-BOHNEN

»EINER DIESER MEINUNGSFORSCHER WOLLTE MICH TESTEN. ICH GENOSS SEINE LEBER MIT EIN PAAR FAVA-BOHNEN, DAZU EINEN AUSGEZEICHNETEN CHIANTI.«
— Dr. Hannibal Lecter

ZUTATEN

Für 4 Portionen

Für die Leber:

3 EL Olivenöl
1 große Zwiebel, in Ringe geschnitten
4 Stücke frische Kalbsleber (ca. 2 cm dick; alternativ Rinderleber)
2 EL Mehl
4 Stiele Thymian, gezupft
2 Stiele Salbei, gezupft
1½ EL Butter
Pfeffer, Salz

Für die Bohnen:

40 g Butter
150 g Schinkenwürfel
1 Schalotte, fein gewürfelt
400 g Fava-Bohnen (aus der Dose)
2 TL Bohnenkraut, getrocknet
2 EL körnige Brühe
100 ml Sahne
1 Prise Pfeffer, frisch gemahlen

Für die Scharfe Sauce:

1 EL Olivenöl
1 kleine Schalotte, fein gehackt
2 Knoblauchzehen, gepresst
5 EL Tomatenketchup
5 EL Chilisauce
2 EL Ajvar
1-2 EL Sambal Oelek

ZUBEREITUNG

Die Leber zubereiten: In einer großen Pfanne bei mittlerer Hitze 2 EL Öl erwärmen. Die Zwiebelringe hineingeben und unter vorsichtigem Wenden 10 Minuten goldbraun anbraten. Leicht salzen und aus der Pfanne nehmen.

Die Leber abwaschen und mit Küchenpapier gründlich trocken tupfen. Die Leberscheiben gleichmäßig in Mehl wenden und alles überschüssige Mehl abklopfen. 1 EL Olivenöl und 2 EL Butter in dieselbe Pfanne geben, in der die Zwiebeln geschmort wurden, den Thymian und den Salbei im Fett schwenken und bei mittlerer bis starker Hitze die Leber von beiden Seiten scharf anbraten (pro Seite max. 2 Minuten). Dabei salzen und pfeffern. Vom Herd nehmen und sofort zusammen mit den Beilagen (siehe unten) servieren. Dazu passt ganz hervorragend ein ausgezeichneter Chianti.

Die Bohnen zubereiten: In einer Pfanne die Butter schmelzen, die Schinkenwürfel etwas ausbraten, die Schalottenwürfel dazugeben und noch etwas länger anbraten. Die Bohnen samt der Flüssigkeit aus der Dose dazugeben, mit Bohnenkraut, körniger Brühe und etwas Sahne vermischen und abgedeckt ca. 15 Minuten sanft köcheln lassen bzw. so lange, bis die Flüssigkeit zwar stark eingeduziert ist, die Bohnen aber noch einen gewissen Biss haben. Mit einer Prise frisch gemahlenem Pfeffer würzen.

Die Scharfe Sauce zubereiten: In einem kleinen Topf das Olivenöl erwärmen und bei mittlerer Temperatur die Schalotte und den Knoblauch scharf anschwitzen. Vom Herd nehmen, die übrigen Zutaten hinzufügen, alles gründlich miteinander verrühren und locker abgedeckt mit Frischhaltefolie mindestens 1-2 Stunden, am besten aber noch länger im Kühlschrank ziehen lassen. Vor dem Servieren noch einmal gründlich durchrühren. Vorsicht, scharf!

FREY-PASTETEN

»ICH TRINKE UND ICH WEISS DINGE.«
– Tyrion Lannister

ZUTATEN

Für 1 Pastete (ca. 4 Portionen)

Für die Pastetenfüllung:

3-4 EL Olivenöl (zum Braten)
1 Zwiebel, fein gewürfelt
125 g Schinkenwürfel
750 g gemischtes Hackfleisch (Rind und Schwein)
Salz, Pfeffer
1 TL Muskatnuss, frisch gemahlen
2 Karotten, fein gewürfelt
100 g Steckrüben, fein gewürfelt
125 g Champignons, geviertelt
½ TL Oregano
½ TL Rosmarin
50 g Butter
30 g Mehl
200 ml Rinderbrühe
etwas geschlagenes Ei

Für den Mürbeteig:

225 g kalte Butter, in Würfeln
300 g Mehl
1 EL Zucker
1 TL Salz
130 g Buttermilch

Außerdem erforderlich:

eine Springform (18 cm Ø)

ZUBEREITUNG

Etwas Olivenöl in einem großen Topf erhitzen. Die Zwiebel und die Schinkenwürfel hineingeben und scharf anbraten. Das Hackfleisch dazugeben und unter gelegentlichem Rühren ebenfalls scharf anbraten. Das Fleisch mit Salz, Pfeffer und Muskatnuss würzen. Die Karotten, die Steckrüben, die Champignons, den Oregano und den Rosmarin dazugeben. 3 Minuten garen. Dann die Pfanne vom Herd nehmen und beiseitestellen.

Die Butter in einem kleinen Topf schmelzen und mit einem Schneebesen das Mehl unterrühren. Zusammen mit der Rinderbrühe in den großen Topf zum Hackfleisch geben und ohne Deckel unter regelmäßigem Rühren so lange einkochen lassen, bis kaum noch Flüssigkeit übrig ist.

Für den Mürbeteig sämtliche Zutaten in einer Schüssel gründlich miteinander verkneten und abgedeckt mit Frischhaltefolie für 30 Minuten in den Kühlschrank stellen. Anschließend zwei Drittel des Teigs auf einer leicht mit Mehl bestreuten Arbeitsfläche ca. 3 mm dick ausrollen. Nun eine Springform (18 cm Ø) mit dem Teig auslegen. Den Teig leicht an den Rändern der Form andrücken und oben etwas überstehen lassen.

Die möglichst »trockene« Hackfleischfüllung gleichmäßig in die Form geben und glattstreichen. Den übrigen Teil so ausrollen, dass es vom Durchmesser her zur Springform passt. Die Füllung damit abdecken, ein bisschen andrücken und den an den Rändern überstehenden Teig umschlagen. Mit etwas geschlagenem Ei bepinseln, die Oberseite kreuzförmig mit einem Messer einschneiden und die Pastete bei 160° C ca. 45-50 Minuten im vorgeheizten Ofen backen. Dann herausnehmen und vor dem Servieren unbedingt 5 Minuten ruhen lassen.

THE WHITE DRAGON
NOODLE BAR
白龍麵
ラーメン
THE WHITE DRAGON

WHITE DRAGON-NUDELN

»ICH HABE DINGE GESEHEN, DIE IHR MENSCHEN NIEMALS GLAUBEN WÜRDET. GIGANTISCHE SCHIFFE, DIE BRANNTEN, DRAUSSEN VOR DER SCHULTER DES ORION. UND ICH HABE C-BEAMS GESEHEN, GLITZERND IM DUNKELN, NAHE DEM TANNHÄUSER-TOR. ALL DIESE MOMENTE WERDEN VERLOREN SEIN IN DER ZEIT, SO WIE TRÄNEN IM REGEN ... ZEIT ZU STERBEN.«

— Roy Batty, Replikant

ZUTATEN

Für 2 Portionen

250 g Woknudeln
200 g Hähnchenfleisch, fein gewürfelt
Salz
etwas Öl, zum Braten
2 Eier, verquirlt
1 Zwiebel, fein gehackt
50 g Karotten, in Streifen geschnitten
50 g Lauch, kleingeschnitten
½ TL Zucker
2 EL dunkle Sojasauce
Weißer Pfeffer
50 g Sojasprossen
50 g Dosenerbsen, abgetropft
½ TL Sesamöl

ZUBEREITUNG

Die Nudeln mit warmem Wasser übergießen und ca. 15 min ziehen lassen (bzw. nach Packungsangabe kochen), bis sie gar, aber nicht zu weich sind. Gründlich abtropfen lassen.

Das Hähnchenfleisch in kleine Streifen schneiden, in gesalzenem Wasser kochen und abtropfen lassen.

Etwas Öl in einem heißen Wok oder eine Pfanne geben, darin die verquirlten Eier erst kurz anbraten und dann verrühren. Die Zwiebelstücke dazugeben und noch eine Minute länger braten. Dann die Karotte und den Lauch hinzufügen und wiederum noch einen Moment weiter braten.

Die abgetropften Nudeln hinzufügen, mit Salz, Zucker, weißem Pfeffer und der dunklen Sojasauce würzen, alles gut miteinander vermischen und weiter braten. Schließlich die Sojasprossen, die Erbsen und das gekochte Hühnchenfleisch untermischen und nochmals 1-2 Minuten unter regelmäßigem Rühren garen. Zu guter Letzt das Sesamöl hineinmischen und sofort servieren.

RIPPCHEN MIT J.T.S BERÜHMTER BBQ-SAUCE

»ES HEISST GO-GO, NICHT HEUL-HEUL!«
– Cherry Darling, exotische Tänzerin

KÜHL- UND GARZEITEN BEACHTEN!

ZUTATEN

Für 4 Portionen

Für die Rippchen:

1 kg Spareribs, möglichst frisch vom Metzger
50 ml Buttermilch
3 EL Tomatenketchup
1 EL Waldhonig
2 EL von J.T.s berühmter BBQ-Sauce (siehe unten)
1½ TL Sojasauce
1½ EL Balsamicoessig, weiß
1 EL Apfelsaft, naturtrüb
1 kleine Zwiebel, fein gehackt
2 TL Senf, scharf
2 TL Rohrzucker
1 TL Knoblauchgranulat
1 TL Paprikapulver, edelsüß
1 TL Salz
1 TL Pfeffer, gemahlen
1 TL Rosmarin, getrocknet
1 TL Thymian, getrocknet
1 TL Oregano, getrocknet
1 TL Basilikum, getrocknet
Chiliflocken, aus der Mühle (nach Belieben)

Für die BBQ-Sauce:

50 ml Sonnenblumenöl
2 Schalotten, fein gehackt
3 Knoblauchzehen, fein gehackt
250 ml Tomatenketchup
100 g Rohrzucker
50 ml Worchestershire-Sauce
1 TL Senf (mittelscharf)
2 TL Chilipulver
1 Prise Zimt
3 Spritzer Tabasco
Saft von 1½ Zitronen
Salz, Pfeffer (nach Belieben)

ZUBEREITUNG

Die Rippchen zubereiten: Die Spareribs waschen, trocken tupfen und in portionsgerechte Stücke mit jeweils 2-4 Rippchen teilen.

Für die Marinade sämtliche Zutaten in einem Kochtopf miteinander vermischen und unter regelmäßigem Umrühren bei mittlerer Temperatur zum Kochen bringen. Die Marinade dann bei leichter Hitze ca. 10 Minuten ohne Deckel köcheln lassen, damit sie etwas eindickt und eine leicht cremige Konsistenz bekommt. Dann im Kochtopf in einem Wasserbad rasch abkühlen lassen. Die Marinade zusammen mit den Spareribs in einen großen Gefrierbeutel geben, luftdicht verschließen und für mindestens 12 Stunden in den Kühlschrank geben.

Die Sparerips aus dem Kühlschrank nehmen, die Marinade abgießen und auffangen. Den Backofen auf 120° C vorheizen und Backblech mit Alufolie auslegen. Die Rippchen rundherum mit einem Backpinsel mit der Marinade einpinseln und mit dem Knochen nach unten auf die Alufolie legen. Mit Alufolie abdecken, die Folie möglichst dicht verschließen und die Spareribs für 3-4 Stunden auf der mittleren Schiene sanft garen. Dabei regelmäßig alle halbe Stunde wenden und mit Marinade bepinseln.

Anschließend die obere Alufolie abnehmen. Das Backblech in die oberste Schiene in den Backofen geben und mit der Grillfunktion des Ofens bei 250° C ca. 10 Minuten grillen, mit der Knochenseite nach unten. Sobald die Rippchen eine kräftige dunkelbraune Farbe angenommen haben, das Blech wieder in die mittlere Schiene schieben und bei 70° C nochmals ca. 10 Minuten ruhen lassen. Dann sofort zusammen mit J.T.s berühmter BBQ-Sauce servieren.

Die BBQ-Sauce zubereiten: Etwas von dem Sonnenblumenöl bei mittlerer Temperatur in einem kleinen Topf erwärmen. Die Schalotten und die Knoblauchzehen dazugeben und anschwitzen. Dann alle übrigen Zutaten mit in den Topf geben, die Hitze auf niedrig reduzieren und unter regelmäßigem Rühren mindestens 30 Minuten leicht köcheln lassen. Vom Herd nehmen, in ein hitzebeständiges Gefäß umfüllen und vor dem Verzehr unbedingt vollständig abkühlen lassen.

POLICE BOX

FISCHSTÄBCHEN UND PUDDING

»ELIMINIEREN!«
– beliebiger Dalek

ZUTATEN

Für 4 Portionen

Für die Fischstäbchen:

400 g gehäutetes, entgrätetes Dorsch- oder Schellfischfilet (in einem Stück)
1 EL Mehl
1 mittelgroßes Ei, geschlagen
75 g frisches Paniermehl
Öl zum Frittieren

Für den »Pudding«:

15 g Butter
15 g Mehl
300 ml Milch
1 TL Dijonsenf
75 g reifer Cheddarkäse, gerieben
1 gute Prise Kurkumapulver
Salz und frisch gemahlener schwarzer Pfeffer

ZUBEREITUNG

Den Fisch quer in 2 cm breite, längliche Stücke schneiden. Das Mehl in einen tiefen Teller geben und mit etwas Salz und Pfeffer würzen. Das Ei in einen anderen tiefen Teller geben und das Paniermehl in einen dritten. Den Fisch zuerst im Mehl wälzen, dann mit geschlagenem Ei überziehen und schließlich im Paniermehl wenden.

Für den »Pudding« die Butter in einer kleinen Pfanne schmelzen. Das Mehl hinzufügen und bei niedriger Hitze unter ständigem Rühren eine Minute lang erwärmen. Vom Herd nehmen und nach und nach die Milch einarbeiten; dabei so lange weiter rühren, bis eine weiche Masse entsteht. Wiederum bei niedriger Temperatur auf den Herd stellen und unter regelmäßigem Umrühren so lange kochen, bis die Sauce merklich eingedickt ist. Den Senf, den Käse und das Kurkuma dazugeben und weitere zwei Minuten köcheln lassen. Vom Herd nehmen.

In einer Bratpfanne einen Fingerbreit Öl erhitzen. Ist das Öl heiß genug, die Hälfte der Fischstäbchen darin ca. 4-5 Minuten anbraten bzw. so lange, bis sie goldbraun sind. Die Fischstäbchen zum Abtropfen auf einen mit Küchenpapier ausgelegten Teller legen und warmhalten, während der Rest zubereitet wird.

Die Käsesauce nun behutsam wieder etwas erwärmen und zusammen mit den Fischstäbchen servieren.

2016
2016

SPAGHETTI MIT FLEISCHBÄLLCHEN

»VERGISS NICHT, TÄUBCHEN, DAS MENSCHLICHE HERZ KANN IMMER NUR EINEN LIEBEN UND MÖGEN.«
– Strolch

ZUTATEN

Für 4 Portionen

500 g Thüringer Mett
½ Bund Petersilie, fein gehackt
2 EL Saure Sahne
2 EL Senf (mittelscharf)
Salz, Pfeffer
1 Prise Muskatnuss, frisch gerieben
50 g Butter
1 große Schalotte, fein gehackt
2 Knoblauchzehen, fein gehackt
1 Stange Staudensellerie, in feinen Scheiben
3 Möhren, in feinen Scheiben
100 g Parmaschinken, gewürfelt
2 EL Tomatenmark
100 ml Weißwein (trocken)
400 g Pizzatomaten
100 ml Gemüsefond
200 ml Sahne
1 Prise Selleriesalz
3 EL Italienische Kräuter
1 Prise Zucker
1 Prise Cayennepfeffer (optional)
500 g Spaghetti
50 g Parmesankäse, frisch gerieben

ZUBEREITUNG

Das Thüringer Mett zusammen mit der Petersilie, der Sauren Sahne, dem Senf, Pfeffer, etwas Salz und einer guten Prise frisch geriebener Muskatnuss gut in einer Schüssel vermengen. Aus dem Hackfleisch mundgerechte Bällchen formen. Beiseitestellen.

Die Hälfte der Butter in einem mittelgroßen Topf schmelzen und das gehackte Gemüse (die Schalotte, den Knoblauch, den Sellerie und die Möhren) scharf anschwitzen. Den gewürfelten Parmaschinken zusammen mit dem Tomatenmark dazugeben und alles unter regelmäßigem Rühren noch 2 Minuten länger brutzeln lassen.

Mit Weißwein ablöschen und den Wein komplett einreduzieren lassen. Die Pizzatomaten, den Fond, die Sahne und die übrige Butter dazugeben. Mit Selleriesalz, den Italienischen Kräutern, einer kleinen Prise Zucker und ggf. (für ein bisschen Schärfe) einer Prise Cayennepfeffer würzen und bei niedriger Hitze 30 Minuten leise köcheln lassen. Dann die Hackbällchen dazugeben und in der weiterhin köchelnden Sauce 20 Minuten garen.

In der Zwischenzeit die Spaghetti wie gewünscht kochen (nach Packungsanleitung; vorzugsweise al dente), abtropfen und auf vier tiefe Teller verteilen. Die Sauce mit den Hackbällchen darauf geben und mit frisch geriebenem Parmesan garnieren. Buon appetito!

WILDSCHWEINBRATEN MIT PFEFFERMINZSAUCE

»DIE SPINNEN, DIE RÖMER!«
— Obelix

MARINIERZEIT BEACHTEN!

ZUTATEN

Für 4 Portionen

Für den Braten:

Salz, Pfeffer
1½ TL Rosmarin, getrocknet
1½ TL Thymian, getrocknet
3 große Knoblauchzehen, fein gewürfelt
2 große Zwiebeln, fein gewürfelt
2 Lorbeerblätter
5 Wacholderbeeren
2 Sternanis
350 ml Rotwein, trocken oder halbtrocken
5 EL Olivenöl
100 ml Buttermilch
1½ kg Wildschweinbraten

Für die Sauce:

1 Bund frische Minze (ca. 20 g)
2 EL Honig
50 ml Wasser
2 EL Weißweinessig
1 Prise Salz

ZUBEREITUNG

Den Wildschweinbraten zubereiten: In einer großen Schüssel das Salz, den Pfeffer, den Rosmarin, den Thymian, den Knoblauch, die Zwiebeln, die Lorbeerblätter, die Wacholderbeeren, den Sternanis, den Rotwein, das Öl und die Buttermilch miteinander vermengen und den Wildschweinbraten damit sorgsam von allen Seiten einreiben. Die Marinade gründlich einmassieren, in einen großen Frischhaltebeutel (6 l Fassungsvermögen) geben, die Luft aus dem Beutel drücken, gut verschließen und zusammen mit der übrigen Marinade für mindestens 6 Stunden, besser aber über Nacht in den Kühlschrank geben.

Das Fleisch nach dem Marinieren zusammen mit der gesamten Marinade in einen entsprechend großen Bräter geben. Den Bräter auf den Herd stellen und das Fleisch bei hoher Temperatur ringsum scharf anbraten; dabei öfters wenden. Derweil den Backofen auf 150° C vorheizen.

Den Braten im vorgeheizten Ofen abgedeckt mit Alufolie ca. 3 Stunden sanft schmoren. Das Fleisch dabei NICHT wenden, dafür jedoch regelmäßig mit der Marinade bepinseln, damit es nicht trocken wird. Ist das Fleisch schließlich zart, aus dem Ofen nehmen, in Alufolie wickeln und vor dem Servieren fünf Minuten bei Raumtemperatur ruhen lassen. Dann aus der Folie nehmen, mit der Pfefferminzsauce garniert auf einem Servierteller anrichten und möglichst erst direkt am Tisch anschneiden.

Die Pfefferminzsauce zubereiten: Die Minze waschen, trockenschütteln, die Blätter abzupfen und fein hacken. Den Honig mit 50 ml Wasser und dem Essig in einem kleinen Topf bei mittlerer Temperatur aufkochen. Mit Minze dazugeben, mit einer Prise Salz würzen und 2-3 Minuten unter ständigem Rühren garen. Vom Herd nehmen, etwas abkühlen lassen und mit einem Stabmixer fein pürieren.

Daily
SUPERM
S EARTH – ZOD DE
TEEL

BOEUF BOURGUIGNON MIT KETCHUP

»DU HAST EINE WEITE REISE VOR DIR, MEIN KLEINER KAL-EL, ABER WIR WERDEN DICH NIEMALS VERLASSEN, NICHT EINMAL IM AUGENBLICK UNSERES TODES. DIE SUMME DER ERFAHRUNG UNSERES LEBENS WIRD MIT DIR SEIN. ALLES WAS IN MIR IST, WAS ICH GELERNT HABE, WAS ICH FÜHLE, ALL DAS UND NOCH MEHR ALS DAS, ÜBERGEBE ICH DIR. (...) AUS DEM SOHN WIRD DER VATER, UND AUS DEM VATER WIRD DER SOHN. DAS IST ALLES, WAS ICH DIR MITGEBEN KANN, KAL-EL.«

— Jor-El

ZUTATEN

Für 4 Portionen

1 kg Rindfleisch (aus der Keule), in mundgerechten Stücken
5-6 EL Olivenöl
2 EL Mehl
250 ml Rinderfont
700 ml trockener, kräftiger Rotwein (am besten Burgunder)
2 Lorbeerblätter
Salz, Pfeffer
4 Schalotten, grob geschnitten
150 g Räucherspeck, grob geschnitten
1 Knoblauchzehe, fein gehackt
400 g Möhren, in mundgerechten Stücken
200 g Kartoffeln, in mundgerechten Stücken
100 ml Tomatenketchup
etwas Petersilie, frisch gehackt
Speisestärke (optional)

ZUBEREITUNG

Das Fleisch in mundgerechte Würfel schneiden und in etwas Olivenöl bei hoher Temperatur in einem großen Topf rundherum portionsweise scharf anbraten. Das Fleisch nach dem Braten jeweils mit Mehl bestäuben und bei mittlerer Hitze angehen lassen. Jetzt nach und nach mit dem Wein ablöschen; dabei immer wieder etwas einkochen lassen, bis sich das Mehl vollständig aufgelöst hat. Mit dem Rinderfont aufgießen. Die Lorbeerblätter hinzugeben. Salzen und pfeffern. Ca. 1,5 bis 2 Stunden auf kleiner Flamme abgedeckt köcheln lassen.

Zwischenzeitlich die Schalotten schälen und in grobe, nicht zu feine Stücke schneiden. In einer Pfanne mit etwas Öl zusammen mit dem Räucherspeck scharf anbraten. Den Knoblauch hinzugeben und unter ständigem Rühren etwas andünsten. Die Möhren, die Kartoffeln und den Ketchup dazugeben, die Temperatur auf mittel reduzieren und ca. 20 Minuten garen lassen. Dann mit allem drum und dran in den großen Topf zum Fleisch geben und nochmals 10 Minuten köcheln lassen. Schließlich die Lorbeerblätter entfernen, die frisch gehackte Petersilie unterrühren und das Ganze ggf. mit etwas Stärke andicken, falls die Sauce zu flüssig sein sollte.

BlamCo
Mac
&
Cheese
VAULT-TEC

BLAMCO. MAC & CHEESE

»GNAAAAAA!«
– Bunkerbewohner mit Intelligenz 1

ZUTATEN

Für 5 Portionen

500 g kleine Makkaroni, gekocht
2 mittelgroße Karotten, fein gehackt
1 l Vollmilch
120 ml Schmand
2 TL Worcestershire-Sauce
30 g Allzweckmehl
2 TL gemahlene Senfkörner
2 TL Knoblauchpulver
¼ TL Cayennepfeffer
5 EL ungesalzene Butter
150 g Frühstücksspeck, in Streifen
1 große Zwiebel, fein gehackt
230 g pikanter Cheddarkäse, gerieben
120 g Fontinakäse, gerieben
Salz und Pfeffer

ZUBEREITUNG

Einen mittelgroßen Topf mit Wasser füllen und zum Kochen bringen. Die Karotten dazugeben, abdecken, die Hitze auf mittel reduzieren und 5 Minuten köcheln lassen bzw. so lange, bis die Karotten weich sind. Abgießen und die Karotten in einen Mixer geben. Die Milch, den Schmand und die Worcestershire-Sauce hinzufügen. Pürieren, bis das Ganze geschmeidig ist.

Das Mehl, die gemahlenen Senfkörner, das Knoblauchpulver und den Cayennepfeffer in einer kleinen Schüssel vermischen. Einen größeren Topf bei mittlerer bis großer Hitze auf den Herd stellen und die Butter hineingeben. Ist die Butter geschmolzen, den Frühstücksspeck und die Zwiebelstücke hineingeben und unter regelmäßigem Rühren eine Minute lang scharf anschwitzen. Dann unter ständigem Rühren das Gewürzmehl einarbeiten. Haben sich die Butter und das Mehl schließlich verbunden, nach und nach die Karotten-Milch-Mixtur einquirlen.

In kleinen Portionen den Cheddar und den Fontinakäse einarbeiten. Mit Salz und Pfeffer würzen. Die gekochten Makkaroni in die Käsesauce geben und umrühren, um die Nudeln vollends mit der Sauce zu überziehen. Sofort servieren.

HÜHNCHEN À LA LUCILLE

DON'T OPEN! DEAD INSIDE!
– Graffiti auf Krankenhaustür

ZUTATEN

Für 4 Portionen

4 Hühnerbrüste, ohne Haut und Knochen
130 g Allzweckmehl
Salz
Schwarzer Pfeffer
3 Eier
240 g Paniermehl
30 g Parmesan, gerieben
1 TL frische Petersilie, gehackt
2 EL Butter
2 EL Olivenöl

ZUBEREITUNG

Eine Hühnerbrust zwischen zwei Stücke Backpapier legen. Die Hühnerbrust mit einem Küchenhammer oder einer schweren Bratpfanne klopfen, bis sie gleichmäßig dünn ist (ca. 6 mm dick). Dieses Prozedere mit den anderen Hühnerbrüsten wiederholen.

Das Mehl in einen tiefen Teller geben, Salz und Pfeffer dazugeben und alles gut durchmischen. In einem zweiten Teller die Eier schlagen, bis sie schaumig sind. Wiederum in einem anderen Teller das Paniermehl, den Parmesan und die frische Petersilie miteinander vermengen.

Die drei Teller nebeneinanderstellen und die Hühnerbrust erst in das gewürzte Mehl, dann in die Eier und schließlich ins Paniermehl tauchen. Dabei darauf achten, dass das Fleisch gleichmäßig mit der Panierung überzogen ist. Bei allen Hühnerbrüsten wiederholen.

Die Butter und das Olivenöl bei mittlerer Hitze in einer großen Bratpfanne erhitzen. Behutsam jeweils ein oder zwei Hühnerbrüste in die Bratpfanne geben; dabei darauf achten, dass in der Pfanne genügend Platz bleibt. Braten, bis das Fleisch goldbraun ist (ca. 2-3 Minuten pro Seite, möglichst nicht länger, damit das Huhn nicht zu trocken wird). Mit den übrigen Hühnerbrüsten wiederholen. Das Fleisch auf einen mit Küchenrolle ausgelegten Teller legen, damit das Papier das überschüssige Fett aufnimmt. Kann kalt oder warm, als Imbiss oder Hauptgang z. B. mit Ricks Gurkensalat (S. 36) als Beilage serviert werden.

PASTA AGLIO E OLIO

»VIELLEICHT SOLLTE ICH EINFACH NUR ETWAS FÜR DICH KOCHEN?«
– Chefkoch Carl Casper

ZUTATEN

Für 4 Portionen

400 g Linguine
150 ml gutes Olivenöl
2 Knoblauchzehen, fein gehackt
1 Bund Petersilie, fein gehackt
1 TL rote Chiliflocken
Saft von ½ Zitrone
Salz und Pfeffer, zum Abschmecken

TIPP

Sollte die Sauce nach dem Hinzufügen des Nudelwassers zu flüssig sein, einfach 2-3 Minuten länger köcheln lassen, bis die Pasta noch mehr Flüssigkeit aufgenommen hat.

ZUBEREITUNG

Die Linguine in einem großen Topf in reichlich gesalzenem Wasser al dente kochen.

In der Zwischenzeit die Knoblauchzehen schälen und fein hacken oder alternativ durch eine Knoblauchpresse drücken. Die Petersilie waschen, trockenschwenken und die Blätter fein hacken.

In einer Bratpfanne bei mittlerer Hitze das Olivenöl erwärmen. Den gehackten Knoblauch hineingeben und unter regelmäßigem Rühren andünsten, bis die Stückchen weich sind und sich an den Rändern goldbraun färben. Nun die roten Chiliflocken hineingeben und die Temperatur reduzieren.

Die Pasta abgießen; dabei ca. 60 ml vom Nudelwasser auffangen. Die Linguine und das Nudelwasser in die Pfanne mit dem Knoblauch und dem Öl geben. Den Saft einer halben Zitrone darüber tröpfeln, die Petersilie unterheben und alles behutsam durchmischen. Mit Salz und Pfeffer würzen und sofort servieren.

EBERRIPPCHEN IN BIERSAUCE

»ICH SEHE NUR FINSTERNIS VOR MIR.«
— Arthas

ZUTATEN

Für 4-6 Portionen

1,5 kg Schweinerippchen oder Eberrippchen, falls verfügbar
Salz und Pfeffer, nach Belieben
1 EL Olivenöl
2 Schalotten, fein gewürfelt
1 Knoblauchzehe, fein gehackt
2 TL rote Currypaste
100 ml Tomatenketchup
300 ml Bier oder Malzbier
2 EL Worcestershire-Sauce
2 EL Zuckerrübensirup
1 EL Apfelessig

TIPP

Keine Sorge: Da der Alkohol im Bier verkocht, können auch Kinder diese Rippchen bedenkenlos genießen!

ZUBEREITUNG

Den Backofen auf 135° C vorheizen. Ein Backblech mit Backpapier auslegen und ein Backrost darauf stellen. Die Rippchen mit der Fleischseite nach unten auf das Rost legen und großzügig mit Pfeffer und Salz bestreuen. Auf mittlerer Schiene in den Ofen geben.

In einem Kochtopf bei mittlerer Hitze das Öl warm werden lassen, um die Schalotten und den Knoblauch anzuschwitzen. Ca. 3 Minuten garen, bis die Schalotten weich geworden sind und der Knoblauch angenehm duftet. Die Currypaste so unterrühren, dass die Schalotten und der Knoblauch damit überzogen sind, und alle übrigen Zutaten hinzufügen. Das Ganze unter gelegentlichem Umrühren 20 bis 30 Minuten köcheln lassen bzw. so lange, bis sich die Mischung zu einer leicht dickflüssigen Sauce reduziert hat. Mit dem Pürierstab im Topf pürieren, bis keine Stückchen mehr zu sehen sind.

Die Rippchen ca. 3 Stunden lang gemächlich vor sich hin brutzeln lassen. Dabei alle 20 bis 30 Minuten mit der Sauce bestreichen (dabei die Unterseite nicht vergessen), bis die Rippchen von einer hübschen, dicken Schicht würziger, köstlicher Biersauce überzogen sind. Vor dem Servieren im abgeschalteten Ofen noch einige Minuten ruhen und abkühlen lassen.

Prospecto
PORK
AND

FLEISCH UND BOHNEN

»BEIM RUNTERSCHLUCKEN HAT ES BESSER GESCHMECKT.«
– Kommentar eines Ghuls aus Underworld nach einem mächtigen Rülpser

ZUTATEN

Für 6 Portionen

1 Teelöffel Rapsöl
8 Scheiben Speck
½ mittelgroße gelbe Zwiebel, fein gewürfelt
1 Jalapeño, entsamt und fein gewürfelt
3 Knoblauchzehen, fein gehackt
250 ml Tomatenketchup
110 g Rohrzucker
170 ml Honig
120 ml Apfelwein
1 EL Apfelessig
1 TL gemahlener Ingwer
1 EL gemahlene Senfkörner
1 EL Worcestershire-Sauce
240 g dicke weiße Bohnen, abgespült und abgetropft
800 g Bohneneintopf mit Fleisch (aus der Dose)
Salz und Pfeffer

ZUBEREITUNG

Den Backofen auf 150° C vorheizen. Das Rapsöl bei mittlerer bis großer Hitze in einem großen Schmortopf erwärmen. Vier Scheiben Speck hineinlegen und anbraten, bis der Speck knusprig ist. Den Speck aus dem Topf nehmen und auf Küchenrolle abtropfen lassen. Diesen Vorgang mit dem übrigen Schinken wiederholen.

Mindestens die Hälfte des Speckfetts aus dem Topf gießen, dann die Zwiebelstücke hinzufügen und scharf anbraten, bis sie glasig sind (ca. 2-3 Minuten). Die Jalapeño und den Knoblauch dazugeben und eine Minute lang garen. Den Ketchup, den Rohrzucker, den Honig, den Apfelwein, den Apfelessig, den gemahlenen Ingwer, die gemahlenen Senfkörner und die Worcestershire-Sauce hinzugeben und umrühren, bis alles gut vermischt ist. Dann den Speck wieder in den Topf geben, umrühren und bei niedriger Hitze zum Köcheln bringen.

Die dicken weißen Bohnen und den Bohneneintopf aus der Dose dazugeben und behutsam umrühren, um alles gut miteinander zu vermengen. In den Ofen stellen und bei offenem Deckel ca. 45 bis 50 Minuten garen, bis die Sauce merklich eingedickt ist. Mit Salz und Pfeffer würzen.

ARGONISCHE SUMPFKRABBEN

»FRÜHER WAR ICH AUCH EIN ABENTEURER. ABER DANN BEKAM ICH EINEN PFEIL INS KNIE.«
— Stadtwache

ZUTATEN

Für 8 kleine Portionen

500 ml Wasser
500 g Garnelen, entdarmt und ohne Schwanz
120 ml Sojasauce
1 EL Speisestärke
1 EL Rohrzucker
2 EL Zuckerrübensirup
½ TL getrockneter Thymian
½ TL Chilipulver
1 EL ungesalzene Butter
2 EL Schlagsahne
einige Chilifäden

ZUBEREITUNG

In einem großen Kochtopf bei mittlerer Hitze das Wasser zum Kochen bringen und die Garnelen hinzufügen. Die Garnelen ca. 2 bis 3 Minuten kochen bzw. so lange, bis sie eine hübsche rosa Färbung angenommen haben. Die Garnelen dann behutsam aus dem Topf heben und beiseitestellen.

In einer kleinen Schüssel die Sojasauce und die Speisestärke zusammenrühren, bis sich die Stärke vollständig aufgelöst hat. Die Mischung zusammen mit dem Rohrzucker, dem Sirup, dem Thymian und dem Chilipulver in das kochende Wasser geben.

Einige Minuten lang unter ständigem Rühren kochen, bis das Ganze etwas einreduziert ist und eine schöne, dickflüssige Konsistenz besitzt. Vom Herd nehmen und die Butter und die Sahne einrühren. Die Garnelen in einen tiefen Teller geben und die Sauce darüber gießen. Mit den Chilifäden dekorieren. Sofort servieren.

Anyone CAN
COOK!
Anyone

REMYS RATATOUILLE

»SEI STILL UND ISS DEINEN MÜLL!«
– Django zu seinem Sohn Rémy

ZUTATEN

Für 4 Portionen

2 Schalotten, in feine Streifen geschnitten
2 Knoblauchzehen, fein gehackt
8 EL Olivenöl
2 EL Tomatenmark
1 MSP Chiliflocken
50 ml Gemüsebrühe
1 Spritzer Zitronensaft
2 Stiele Basilikum, fein gehackt
3 Stiele Thymian, fein gehackt
3 Stiele Oregano, fein gehackt
1-2 Zweige Rosmarin, fein gehackt
Pfeffer, Salz
1 Zucchini, gelb, in Scheiben
1 Zucchini, grün, in Scheiben
1 Aubergine, in Scheiben
3-4 große Tomaten, in Scheiben
100 g Fetakäse, zerbröselt

ZUBEREITUNG

Den Backofen auf 200° C Umluft vorheizen.

Die Schalotten und den gehackten Knoblauch mit 2 EL Olivenöl bei mittlerer Temperatur in der Pfanne andünsten (ca. 3 Minuten). Das Tomatenmark und die Chiliflocken einrühren, kurz mit anrösten. Mit der Gemüsebrühe ablöschen, die Hälfte der fein gehackten Kräuter und den Zitronensaft hineingeben und mit Pfeffer und Salz abschmecken. Vom Herd nehmen und beiseitestellen.

Die Zucchinis, die Aubergine und die Tomaten waschen, abtrocknen und in gleichmäßig große, dünne Scheiben schneiden (ca. 2-3 mm dick). Kräftig mit Salz und Pfeffer würzen, die restlichen gehackten Kräuter darüber streuen und mit 6 EL Olivenöl beträufeln. Die Auflaufform mit Alufolie verschließen und auf mittlerer Schiene ca. 40-45 Minuten im Ofen backen.

Die Alufolie entfernen und das Ratatouille gleichmäßig mit dem zerbröselten Fetakäse bestreuen. Ohne Alufolie bei gleicher Temperatur nochmals 10-15 Minuten auf mittlerer Schiene zu Ende garen bzw. so lange, bis der Käse eine goldbraune Farbe angenommen hat. Dann aus dem Ofen nehmen und fünf Minuten ruhen lassen. Anschließend sofort servieren.

WITH REAL DIG-IN FLAVOR!
111

INSTAPÜREE

»WENN SIE IN EINER MEINER RÜSTUNGEN IHR LEBEN VERLIEREN, BEKOMMEN SIE IHR GELD ZURÜCK!«
— Verkäuferin in Underworld

ZUTATEN

Für ca. 5 Portionen

650 g mehligkochende Kartoffeln, gepellt und geviertelt
1 Lorbeerblatt
1 frischer Rosmarinzweig
1 TL Salz
60 g ungesalzene Butter
60 g Sauerrahm
120 g zerbröselter Blauschimmelkäse
1 TL frische Petersilie, fein gehackt
Salz, Pfeffer und Kümmel, zum Abschmecken

ZUBEREITUNG

Einen großen Topf mit Wasser füllen und die Kartoffeln, das Lorbeerblatt, den Rosmarinzweig und das Salz hineingeben. Bei großer Hitze zum Kochen bringen, die Hitze dann auf mittel reduzieren und die Kartoffeln 15 bis 20 Minuten köcheln lassen bzw. so lange, bis sie weich sind.

Das Wasser abgießen. Das Lorbeerblatt und den Rosmarinzweig entfernen. Den Topf bei niedriger Hitze wieder auf den Herd stellen, die Butter und den Sauerrahm hinzufügen. Die Kartoffeln zerstampfen, bis ein geschmeidiger Brei entsteht. Den Blauschimmelkäse und die Petersilie dazugeben und gründlich durchrühren, um alles gut miteinander zu vermengen. Nach Belieben mit Salz, Pfeffer und Kümmel abschmecken.

GEBACKENE ASCHSÜSSKARTOFFELN

»IHR KENNT JA DIE REDENSART: ZUHAUSE IST DORT, WO DU DEN KOPF DEINES FEINDES AUFHÄNGST.«
— Gogron gro-Bolmog

ZUTATEN

Für 4 Portionen

Für die Gewürzbutter:

120 g ungesalzene Butter, aufgeweicht
¼ TL Zuckerrübensirup
1 Prise gemahlener Kardamom
1 Prise gemahlener Zimt
1 Prise gemahlene Muskatnuss
1 Prise weißer Pfeffer

Für die Aschsüßkartoffeln:

4 große Süßkartoffeln
60 g zerbröselter Ziegenkäse
etwas Petersilie, fein gehackt, als Garnitur

ZUBEREITUNG

Die Butter, den Sirup und die Gewürze in einer kleinen Schüssel gründlich miteinander vermengen, bis alles gleichmäßig vermischt ist. Mit Frischhaltefolie abdecken und in den Kühlschrank stellen, bis die Gewürzbutter fest ist.

Den Backofen auf 220° C vorheizen. Die Süßkartoffeln waschen und abtrocknen, dann mehrmals ringsum mit einem Messer einstechen. Die Kartoffeln direkt auf ein Grillrost in der mittleren Schiene des Ofens legen und darunter ein Backblech positionieren, um etwaiges Bratfett und andere Flüssigkeiten aufzufangen. Ca. 45 bis 60 Minuten backen bzw. so lange, bis sich die Kartoffeln mit einem Messer mühelos einschneiden lassen. Aus dem Ofen nehmen. Achtung, heiß!

Die Kartoffeln eine nach der anderen vorsichtig in ein Küchentuch wickeln, oben mit einem scharfen Messer jeweils ein großes X einschneiden und beide Seiten der Knolle eindrücken, damit sich der Schnitt gleichmäßig öffnet. Mit der gekühlten Gewürzbutter krönen, dann als Garnitur Ziegenkäse und Petersilie darüber streuen. Sofort servieren.

PANCAKES

»ACH, KACKE!«
– Hellboy

ZUTATEN

Für ca. 10 Stück

3 Eier
100 ml Buttermilch
150 ml Naturjoghurt
150 g Mehl
2 EL Vanillezucker
1 Päckchen Backpulver
1 Prise Salz
Olivenöl
Ahornsirup

ZUBEREITUNG

Die Eier in einer Schüssel zu einer schönen, hellen Schaummasse verquirlen.

In einer anderen Schüssel die Buttermilch und den Naturjoghurt gut miteinander vermischen. Nach und nach das Mehl, den Vanillezucker, das Backpulver und das Salz zu den Eiern geben und unter ständigem Rühren gut einarbeiten. Ggf. noch etwas mehr Buttermilch hinzufügen, falls der Teig zu dickflüssig ist. Hierbei muss man beachten, dass der Teig zwar durchaus sehr dickflüssig sein sollte, aber trotzdem noch geschmeidig und gießbar. Einige Minuten ruhen lassen.

Bei mittlerer Hitze eine möglichst große Bratpfanne auf den Herd geben, jeweils ca. 1 TL Olivenöl erwärmen und mit einem großen Löffel die gewünschte Teigmenge in die Pfanne geben. Wer kleinere Pancakes möchte, verwendet entsprechend weniger Teig pro Pancake. In der Regel passen 2-4 Pancakes in eine Pfanne. Je ca. 2-3 Minuten von beiden Seiten anbraten; hierbei wenden, sobald sich auf dem Pancake kleine Blasen bilden. Wichtig hierbei ist, möglichst wenig Öl zu verwenden und die Pancakes nicht zu heiß auszubacken, damit sie schön luftig werden.

Unmittelbar vor dem Servieren mit Ahornsirup beträufeln.

BabyRuth
Nestlé
BabyRuth

BABY RUTH-RIEGEL

»SCHOKOLADE! RUTH, RUTH, RUTH, BABY RUTH!«
– Sloth

ZUTATEN

Für ca. 15 Riegel

160 g Butter
45 g Rohrzucker
60 g Maissirup
65 g Erdnussbutter
1 TL Vanilleextrakt
250 g Haferflocken
300 g Vollmilchschokolade

Für das Topping:

180 g Zartbitterschokolade
90 g Buttertoffees
90 g Erdnussbutter

Außerdem erforderlich:

rechteckige Backform (26 x 26 cm)

ZUBEREITUNG

Die Butter in ein geeignetes Gefäß geben und ca. 1 Minute in die Mikrowelle stellen. Die aufgeweichte Butter so lange verquirlen, bis sie vollends geschmolzen ist und keine Klümpchen mehr zu sehen sind. Nun nach und nach den Rohrzucker, den Maissirup, die Erdnussbutter und das Vanilleextrakt dazugeben und jeweils gründlich einarbeiten. Zuletzt mit einem Spatel die Haferflocken unterheben. Dabei dafür sorgen, dass alles sorgsam miteinander vermischt ist.

Die Mischung in eine rechteckige, mit Backpapier ausgelegte Backform geben (26 x 26 cm). Mit der Rückseite eines Esslöffels gleichmäßig glattstreichen. Beiseitestellen und das Topping zubereiten (siehe unten). Ist das Topping schließlich fertig, über die Haferflocken-Mixtur gießen und gleichmäßig so mit dem Spatel verstreichen, dass die untere Schicht ganz davon bedeckt ist.

So lange in den Kühlschrank stellen, bis das Topping fest geworden ist (ca. 2-3 Stunden). Dann aus dem Kühlschrank nehmen und mit einem Pizzaschneider oder einem scharfen Messer in gleichmäßige Riegel schneiden. Die Riegel erst dann mit einem Messer vorsichtig aus der Backform lösen. In die im Wasserbad geschmolzene Vollmilchschokolade tauchen, auf einem Kuchengitter abtropfen und vollständig trocknen lassen. In einem luftdichten Behälter im Kühlschrank lagern und am besten leicht gekühlt genießen.

Das Topping zubereiten: In einer anderen geeigneten Schüssel die Schokolade und die Buttertoffees 1 Minute in die Mikrowelle geben und dann verrühren. Falls nötig, nochmals für 30 Sekunden in die Mikrowelle stellen und erneut rühren. Ist schließlich beides komplett geschmolzen, die Erdnussbutter dazugeben und alles so lange miteinander vermischen, bis eine glatte, geschmeidige Masse entsteht.

MEERSALZEIS

**»DIES IST MEINE GESCHICHTE –
UND DU KOMMST DARIN NICHT VOR!«**
– Auron

ZUTATEN

Für ca. 6 Eis am Stiel

100 ml Kaffeesahne
200 ml Vollmilch
200 ml Schlagsahne
80 g Zucker
1 EL Vanilleextrakt
Blaue Lebensmittelfarbe
2,5 g Johannisbrotkernmehl
etwas feines Meersalz

Außerdem erforderlich:
6 kleine Stileisformen (à ca. 80 ml Inhalt)

ZUBEREITUNG

Die Kaffeesahne, die Milch, die Schlagsahne, den Zucker und das Vanilleextrakt in eine hohe Schüssel geben und etwas verrühren. Die blaue Lebensmittelfarbe hinzugeben (abhängig davon, wie farbintensiv das Eis werden soll). Das Ganze mit einem Schneidstab fein pürieren und währenddessen das Johannisbrotkernmehl und das Meersalz dazugeben.

Die Masse in 6 kleine Stieleisförmchen (à ca. 80 ml Inhalt) füllen und für mindestens 8 Stunden ins Gefrierfach geben.

LOKUM DER WEISSEN HEXE

»ALLES, WAS IHR GLAUBT ZU WISSEN, WIRD SICH ÄNDERN!«
– Aslan

RUHEZEIT BEACHTEN!

ZUTATEN

Für ca. 10 Portionen

1 kg Zucker
1,1 l kaltes Wasser
1 TL Zitronensaft
150 g Speisestärke
1 TL Weinsteinbackpulver
2 EL Rosenwasser
Rote Lebensmittelfarbe
Sonnenblumenöl (zum Einfetten)
90 g Puderzucker

Außerdem erforderlich:
Küchenthermometer

ZUBEREITUNG

Den Zucker, 375 ml Wasser und den Zitronensaft in einen großen Topf geben. Bei niedriger Hitze so lange rühren, bis sich der Zucker vollständig aufgelöst hat, dann aufkochen und weiterköcheln lassen, bis die Mischung eine Temperatur von 115° C erreicht hat. Vom Herd nehmen.

120 g der Speisestärke mit dem Backpulver und 250 ml des Wassers in einer großen hitzebeständigen Schüssel glattrühren. Das übrige Wasser in einem großen Topf zum Kochen bringen und in die Stärkemischung einrühren. Alles wieder in den Kochtopf geben und bei mittlerer Hitze so lange verquirlen, bis die Flüssigkeit eindickt und Blasen wirft. Wieder aufkochen und unter ständigem Rühren mit einem Holzlöffel ca. 75 Minuten lang köcheln lassen bzw. so lange, bis die Mischung hellgolden ist. Dann das Rosenwasser einrühren und genügend rote Lebensmittelfarbe zugeben, um die Flüssigkeit zartrosa einzufärben. Das Ganze in eine leicht mit Sonnenblumenöl eingefettete Backform geben (23 cm x 23 cm) und mindestens 12 Stunden ruhen lassen.

Den Puderzucker mit der restlichen Stärke in einer flachen Schale vermengen. Das Lokum aus der Backform vorsichtig auf die Arbeitsfläche stürzen und mit einem leicht eingeölten Messer in mundgerechte Würfel schneiden. In der Zuckermischung wenden. Großzügig mit der restlichen Zuckermixtur bestreuen. In einem luftdichten Behälter, kühl und trocken gelagert, ist das Lokum ca. 3-4 Wochen haltbar.

CHEF

CHEFKOCHS SALZIGE SCHOKOLADENBÄLLCHEN

»OH, MEIN GOTT!
SIE HABEN KENNY GETÖTET!«
— Stan Marsh

KÜHLZEIT BEACHTEN!

ZUTATEN

Für ca. 25 Stück

200 g Zartbitterschokolade, fein gehackt
30 g Butter
100 g Schlagsahne
40 g Backkakao
etwas grobes Meersalz

ZUBEREITUNG

Die Schokolade fein hacken. Die Butter in kleine Stücke schneiden. Die Sahne bei niedriger Temperatur in einem kleinen Topf aufkochen, vom Herd nehmen und die gehackte Schokolade und die Butter hineingeben. Kurz abwarten, dann so lange umrühren, bis alles geschmolzen ist. Wiederum kurz abkühlen lassen. Die Masse über Nacht in den Kühlschrank stellen.

Aus der Masse kleine Kugeln formen (ca. 3 cm Durchmesser), gleichmäßig in Backkakao wälzen und von allen Seiten mit grobem Meersalz bestreuen. Vorsicht: Die Masse schmilzt sehr schnell und klebt an den Händen wie der Teufel an der Seele! Darum schnell arbeiten, die Hände zwischendurch immer wieder mit kaltem Wasser abspülen und gut abtrocknen. Im Kühlschrank sind die Schokoladenbällchen mehrere Tage haltbar.

EGGO EXTRAVAGANZA

»WIR SIND HIER IN HAWKINS, OKAY? SOLL ICH DIR MAL SAGEN, WAS DAS SCHLIMMSTE WAR, DAS IN DEN VIER JAHREN, DIE ICH HIER ARBEITE, PASSIERT IST? DAS WAR, ALS EINE EULE ELEANOR GILLESPIE AM KOPF ANGEGRIFFEN HAT, WEIL SIE DACHTE, IHR HAAR WÄRE EIN NEST!«

– Sheriff Jim Hopper

RUHEZEIT BEACHTEN!

ZUTATEN

Für 1 Waffel-Extravaganz

125 g weiche Butter
75 g Zucker
1 Päckchen Vanillezucker
1 Prise Salz
3 Eier
250 g Mehl
2 gestrichene TL Backpulver
200 ml Milch
etwas Öl, zum Einfetten des Waffeleisens
500 ml Schlagsahne, gut gekühlt
35 g Puderzucker
Tonnenweise bunte Smarties

Außerdem erforderlich:

ein Waffeleisen

ZUBEREITUNG

Für den Waffelteig die Butter, den Zucker, den Vanillezucker und das Salz in einer Schüssel mit einem Handmixer cremig rühren. Die Eier eins nach dem anderen unterrühren und gut einarbeiten. Das Mehl und das Backpulver miteinander vermischen und abwechselnd mit der Milch unter den Teig rühren. Alles gründlich durcharbeiten, bis ein cremiger, schaumiger, nicht zu dickflüssiger Teig entsteht.

Pro Waffel 2-3 EL Teig in die Mitte des heißen, eingefetteten Waffeleisens geben und nach Geräteanleitung backen, bis die Waffeln goldbraun sind. Die fertigen Waffeln einzeln auf einem Kuchengitter abkühlen lassen; dabei nicht aufeinanderlegen, da sie sonst schnell pappig werden!

Während die Waffeln ein bisschen abkühlen, die Schlagsahne zubereiten. Hierzu die gut gekühlte Sahne in eine große Rührschüssel gießen, den Puderzucker hinzufügen und alles mit einem Mixer steif schlagen. Dabei die Geschwindigkeit nach und nach steigern, also langsam beginnen und alle 30 Sekunden in die nächsthöhere Rührstufe schalten. Die Sahne so lange schlagen, bis sie möglichst kompakt ist und sich am Rand leichte Spitzen bilden.

Die Eggo Extravaganza nun wie auf dem Bild zu sehen aufeinanderschichten: erst eine Waffel, dann eine Schicht Schlagsahne, danach Smarties, anschließend die nächste Waffel, die nächste Schicht Sahne, die nächsten Smarties, die nächste Waffel, etc. Dies so lange wiederholen, bis sämtliche Waffeln aufgebraucht sind. Mit der restlichen Schlagsahne krönen, großzügig mit Smarties bestreuen und sofort servieren.

ALRAUNEN

»ES IST NICHT GUT, WENN WIR NUR UNSEREN TRÄUMEN NACHHÄNGEN UND DABEI VERGESSEN, ZU LEBEN.«
– Professor Albus Dumbledore

ZUTATEN

Für ca. 10 Stück

Für die Muffins:

10 kleine Tontöpfe
150 g Zartbitterschokolade
300 g Mehl
80 g Backkakao
1 TL Backpulver
1 TL Natron
1 Prise Salz
100 g weiche Butter
220 g Zucker
1 TL Vanilleextrakt
2 Eier
250 ml Buttermilch
3 Papiermuffinförmchen oder Auflaufförmchen

Für die Alraunen:

400 g Marzipanrohmasse
etwas Backkakao, zum Bestäuben
20 essbare Blätter (z. B. Basilikum, Pfefferminz)

Für das Schokofrosting:

150 g Frischkäse
15 g Puderzucker
1 gehäufter EL Backkakao

ZUBEREITUNG

Die Muffins zubereiten: Die Tontöpfchen ca. 1 Stunde in Wasser einweichen. Passend große Kreise aus Backpapier ausschneiden und unten in die Töpfe legen, damit kein Teig ausläuft. Hierfür 12-mal einen kleinen Topf aufs Backpapier stellen, mit einem Filzstift ummalen und den so entstandenen Kreis ausschneiden.

Den Backofen auf 200 °C Grad vorheizen. Die Zartbitterschokolade grob hacken und beiseitestellen. Das Mehl, den Kakao, das Backpulver, das Natron und das Salz in einer kleinen Schüssel miteinander vermischen.

In einer separaten, größeren Schüssel die Butter, den Zucker und den Vanilleextrakt mit dem Handrührgerät aufschlagen. Nacheinander die Eier dazugeben und alles weiter schaumig schlagen. Die Buttermilch gründlich unterrühren.

Nun die trockenen Zutaten aus der kleineren Schüssel unter die Buttermischung heben. Hierfür am besten einen Rührlöffel verwenden und nicht zu gründlich und zu lange rühren, da die Muffins sonst schnell zu hart werden. Genügend Teig für drei Muffins abnehmen und in einfache Muffinförmchen geben – daraus wird am Ende die »Erde«, in der die Alraunen »wachsen«.

Die gehackte Schokolade unter den restlichen Teig heben und in die vorbereiteten Tontöpfe füllen. Die Töpfe und die Muffinförmchen ca. 25 Minuten in den Ofen geben bzw. so lange, bis an einem Zahnstocher, den man in die Mitte der Muffins pikst, beim Herausziehen nichts mehr kleben bleibt. Aus dem Backofen nehmen und vollständig abkühlen lassen. Anschließend drei davon aus den Förmchen nehmen und in einer kleinen Schüssel zerbröseln.

Fortsetzung auf nächster Seite

Die Alraunen zubereiten: Das Marzipan in zehn gleich große Stücke aufteilen und aus den einzelnen Stücken grobe Alraunenwurzeln formen. Die Unterseite dabei ein wenig abflachen.

Der Alraune mit Zahnstocher, Messer und Löffel nun »Charakter« verleihen. Hierzu mit dem Messer kleine Rillen quer einritzen. Mit dem Zahnstocher die Augen eindrücken, mit dem Löffel den Mund herausarbeiten. Damit das Ganze möglichst »lebendig« wirkt, am Ende mit einem Pinsel mit Kakao abpudern. Zuletzt mit dem Zahnstocher ein Loch in jeden »Alraunenkopf« piksen, in das man später die essbaren Blätter stecken kann. In den Kühlschrank stellen.

Das Frosting zubereiten: Den Frischkäse, den Puderzucker und einen gehäuften Esslöffel Backkakao in einer kleinen Schüssel miteinander vermengen und glattrühren.

Alles zusammenfügen: Die Oberseite der Muffins in den Tontöpfen großzügig mit dem Frosting bestreichen, die Alraunen darauf platzieren und ringsum mit zerbröselter »Kuchenerde« dekorieren. Die Blätter in die zuvor gepiksten Löcher stecken und die bewundernden Blicke aller Muggel ernten, denen Sie Ihr Werk präsentieren.

GEHIRN

»SIE KOMMEN, UM DICH ZU HOLEN, BARBARA!«
– Johnny im Scherz zu seiner Schwester

ZUTATEN

Für 6-8 Portionen

Für den Kuchen:

500 g Mehl
250 g weiche Butter
200 g Zucker
1 Prise Salz
1 Päckchen Backpulver
Saft und Abrieb einer Zitrone
6 Eier
200 ml Milch

Für die Buttercreme:

200 g weiche Butter
130 g Puderzucker
1 Eigelb

Für die »Hirnwindungen«:

80 g roter Fruchtaufstrich
400 g Marzipan
etwas Kirschsirup

Außerdem erforderlich:

Halbkugelbackform von ca. 21 Durchmesser (oder eine hitzebeständige Schüssel)

ZUBEREITUNG

Den Kuchen zubereiten: Den Backofen auf 170° C vorheizen. Die Backform mit Butter einfetten und mit Mehl ausstäuben. In einer Schüssel das gesiebte Mehl mit dem Backpulver vermischen.

In einer anderen Schüssel die weiche Butter mit einem Rührgerät cremig rühren, den Zucker und das Salz dazugeben und so lange weiter verarbeiten, bis sich der Zucker vollständig aufgelöst hat. Dann nach und nach die Eier dazugeben und weiter rühren, bis der Teig eine möglichst luftige Konsistenz besitzt. Den Zitronenabrieb und den Zitronensaft hinzufügen, dann abwechselnd die Mehl-Backpulvermischung und die Milch zu dem Eier-Zucker-Gemisch geben. Dabei beständig mit dem Rührgerät weiterrühren, bis ein glatter Teig entsteht.

Den Teig in die vorbereitete Form gießen, in den vorgeheizten Backofen stellen und ca. 1 Stunde und 45 Minuten backen. Am Ende unbedingt die »Stäbchenprobe« machen, um sicherzugehen, dass der Kuchen ganz durchgebacken ist. Den Kuchen aus dem Ofen nehmen und in der Form komplett auskühlen lassen. Erst dann vorsichtig auf ein Schneidebrett stürzen und mit einem Brotmesser in (Hirn-)Form schneiden.

Die Buttercreme zubereiten: Zuerst die weiche, zimmerwarme Butter mit dem Rührgerät in einer Schüssel mit dem Puderzucker schaumig schlagen. Danach das Eigelb zu der Buttermasse geben und weiterschlagen, bis eine helle Creme entsteht. Die Buttercreme nun dünn mit einer kleinen Winkelpalette oder mit

Fortsetzung auf nächster Seite

Hilfe eines Buttermessers auf der gesamten Oberfläche des Kuchens verstreichen. Vom »Nacken zur Stirn« mittig eine Linie in die Creme ziehen, damit man später beim »Anbringen« der Marzipanhirnwindungen eine Orientierungshilfe hat, wo sich die Lücke zwischen rechter und linker Hirnhemisphäre befindet. Ist schließlich der ganze Kuchen dünn mit Buttercreme bestrichen, die »Hirnwindungen« anbringen.

Die Hirnwindungen anbringen: Kleine Stücke Marzipan abzupfen und mit den Händen zu kleinen Schlangen von knapp einem Zentimeter Durchmesser rollen. Diese Marzipanschlangen nun als »Hirnwindungen« auf dem Kuchen aufbringen. Dabei aufpassen, dass in der Mitte des Kuchens die Spalte zwischen rechter und linker Gehirnhälfte erkennbar bleibt, schließlich soll das Ganze ja möglichst »authentisch« wirken.

Alles zusammenfügen: Ist schließlich der gesamte Kuchen mit Marzipan bedeckt, den Fruchtaufstrich ein wenig erwärmen, damit er flüssiger wird, und mit einem Backpinsel auf das Marzipan auftragen. Falls beim Legen der »Hirnwindungen« zuvor Lücken geblieben sind, diese einfach mit Fruchtaufstrich füllen. Den fertigen Hirnkuchen anschließend bis unmittelbar vor dem Servieren im Kühlschrank lagern. Dann mit ein bisschen Kirschsirup übergießen, um den Gruseleffekt noch zu maximieren.

Braindead

PUDDING

»IHRE MUTTER HAT MEINEN HUND GEGESSEN!«
– Paquita

ZUTATEN

Für 2-3 Portionen

500 ml Vollmilch
1 Vanilleschote, Mark und Schote, ausgekratzt
1 Päckchen Bourbon-Vanillezucker
1 EL Zucker
2 Eigelb
5 TL Speisestärke, gehäuft
etwas Himbeersirup

ZUBEREITUNG

400 ml Milch in einem Kochtopf bei niedriger Temperatur langsam zum Kochen bringen. Die Vanilleschote auskratzen und das Mark und die Schote zur Milch geben.

In der Zwischenzeit in einer Schüssel die restliche Milch mit dem Vanillezucker, dem Zucker, den beiden Eigelb und der Speisestärke glattrühren.

Sobald die Milch im Topf kocht, die glattgerührte Milch mit den übrigen Zutaten langsam, nach und nach, unter ständigem Rühren in die warme Milch einfließen lassen und kurz aufkochen. Anschließend vom Herd nehmen und kurz abkühlen lassen, wenn der Pudding flüssig serviert werden soll, oder in eine geeignete Glasschüssel füllen und bis zum Verzehr zum Auskühlen und Festwerden in den Kühlschrank stellen.

Mit etwas Himbeersirup (als Blutersatz) beträufelt servieren.

SÜSSKRINGEL

»DAS IST KEIN GUTES ZEICHEN. WISST IHR, WAS EIN GUTES ZEICHEN WÄRE? KOSTENLOSE MILCHSEMMELN! WEM WÜRDE DAS NICHT GEFALLEN?«
— Sheogarath

ZUTATEN

Für 4 Süßkringel

Für die Kringel:

3 Esslöffel ungesalzene Butter, geschmolzen
250 ml warme Vollmilch
2 EL Honig
1 Prise Salz
1 Ei
2 TL aktive Trockenhefe
200 g Allzweckmehl

Für die Glasur:

2 EL Frischkäse, aufgeweicht
1 EL ungesalzene Butter, aufgeweicht
50 g Puderzucker
2 EL Schmand

ZUBEREITUNG

Den Backofen auf 175° C vorheizen. In einer großen Schüssel die Butter, die warme Milch und den Honig so lange miteinander verrühren, bis sich der Honig vollständig aufgelöst hat. Das Salz und die Hefe hinzugeben, gefolgt vom Ei und dem Mehl. Alles gründlich durcharbeiten, bis ein glatter, geschmeidiger Teig entstanden ist.

Den Teig gleichmäßig in vier Mini-Gugelhupfformen (ca. 12 cm Durchmesser) geben. 30 Minuten aufgehen lassen, dann ca. 15 Minuten im vorgeheizten Ofen backen bzw. so lange, bis an einem Zahnstocher, den man in die Kringel pikst, beim Herausziehen nichts mehr kleben bleibt.

Während die Kringel backen, den Frischkäse, die Butter und den Puderzucker in einer kleinen Schüssel schlagen. Nach und nach gerade genügend Schmand dazugeben, um eine geschmeidige, dickflüssige Glasur zu bekommen, die fast vollständig am Löffel kleben bleibt. Warmhalten.

Sind die Kringel schließlich fertig gebacken, fünf Minuten in der Form abkühlen lassen, dann vorsichtig auf ein Abkühlgitter stürzen. Die Kringel vollständig abkühlen lassen. Anschließend mit einem Löffel so großzügig die Glasur darüber träufeln, dass etwas davon an den Seiten hinabrinnt. Noch zwei, drei Minuten abkühlen lassen, dann servieren.

LEMBASBROT

EIN RING, SIE ZU KNECHTEN,
SIE ALLE ZU FINDEN,
INS DUNKEL ZU TREIBEN
UND EWIG ZU BINDEN.
– Inschrift des Einen Rings

ZUTATEN

Für 4 Stücke Lembasbrot

180 g Mehl
1 TL Backpulver
¼ TL Salz
100 g Butter
80 g Zucker
1 Päckchen Vanillezucker
1 TL Zimt
100 ml Sahne
4 kleine Bananenblätter

Außerdem erforderlich:
Paketschnur

ZUBEREITUNG

Den Backofen auf 220° C Ober-/Unterhitze vorheizen.

In einer großen Schüssel das Mehl, das Backpulver und das Salz miteinander vermischen. Die Butter in Stücke schneiden, zum Mehl geben und alles gut vermengen. Dann den Zucker, den Vanillezucker und den Zimt dazu geben und nochmals vermischen. Zum Schluss die Sahne in die Mischung geben und den Teig gut verkneten.

Den Teig auf einer leicht mit Mehl bestreuten Arbeitsfläche fingerdick ausrollen und in vier gleichmäßig große Quadrate schneiden. Diese Quadrate auf ein mit Backpapier ausgelegtes Blech legen und mit einem scharfen Messer x-förmig einritzen, um die »authentische« Herr der Ringe-Optik zu bekommen. Nun im vorgeheizten Ofen ca. 12-15 Minuten hellbraun backen. Aus dem Ofen nehmen und eine halbe Stunde abkühlen lassen.

Je ein abgekühltes Lembasbrot in eines der Bananenblätter wickeln, als würde man ein Geschenk einpacken, und das Päckchen mit etwas Paketschnur verschließen, was nicht bloß »authentisch« aussieht, sondern zugleich auch dafür sorgt, dass das Brot nicht zu schnell austrocknet und dadurch knochenhart wird.

FELSENKEKSE

**»HAARIG UND VERRÜCKT?
IHR SPRECHT DOCH WOHL NICHT VON MIR, ODER?«
– Hagrid**

ZUTATEN

Für ca. 12 Stück

225 g Mehl
1 Päckchen Backpulver
110 g sehr kalte Butter
110 g Zucker
1 gestrichener TL Zimt
1 Prise Muskatnuss
1 Prise Salz
1 Ei
1-2 EL Milch
110 g Sultaninen

ZUBEREITUNG

Den Backofen auf 180 °C vorheizen. Ein Backblech mit Backpapier auslegen.

Das Mehl fein sieben und in einer Schüssel mit dem Backpulver vermischen. Die Butter in kleine Stücke schneiden und in das Mehl einkneten, bis die Masse geschmeidig aussieht. Den Zucker und die Gewürze dazugeben und grob einarbeiten.

Das Ei verquirlen und, falls nötig, mit etwas Milch der Teigmischung hinzufügen. Alles mit einem Teigschaber verrühren, bis der Teig von der Konsistenz her an grobes Paniermehl erinnert. Zum Schluss die Sultaninen einarbeiten.

Den Teig mit einem Esslöffel »häufchenweise« so auf dem Backblech verteilen, dass jede Teigportion etwa tischtennisballgroß ist. Dabei darauf achten, genügend Abstand zwischen den Teigportionen zu lassen, da die Kekse beim Backen etwas zerlaufen und zudem auch noch ein bisschen aufgehen.

Die Kekse im vorgeheizten Backofen 17-20 Minuten backen bzw. so lange, bis sie goldbraun sind. Aus dem Ofen nehmen und auf einem Kuchengitter abkühlen lassen.

RR
DINER
FBI
Cooper
THE GREAT
NORTHERN
HOTEL

NORMAS KIRSCHKUCHEN

»SO STELL` ICH MIR DAS HIMMELREICH FÜR KUCHEN VOR!«
– Agent Dale Cooper

ZUTATEN

Für 1 Kuchen

250 g Mehl
1 Prise Salz
125 g kalte Butter
80 ml kaltes Wasser
700 g Schattenmorellen (aus dem Glas)
60 g Zucker
40 g Speisestärke
1 Eigelb, verquirlt

ZUBEREITUNG

Das Mehl und das Salz in eine Schüssel geben. Die Butter in Würfel schneiden, hinzufügen und mit den Händen so lange verkneten, bis die Mehl Butter Mischung sehr fein und krümelig ist. Dann das Wasser unterkneten. Den Teig anschließend fest in Frischhaltefolie wickeln und für mindestens 30 Minuten im Kühlschrank ruhen lassen.

In der Zwischenzeit die Schattenmorellen in einem Sieb abtropfen lassen; den Saft dabei auffangen.

Den Zucker und die Speisestärke in einem Topf miteinander vermischen. Den Saft der Schattenmorellen dazugeben und mit einem Schneebesen gründlich verrühren. Das Ganze dann bei niedriger Temperatur unter ständigem Rühren so lange köcheln lassen, bis die Masse allmählich fest zu werden beginnt. Dann die abgetropften Kirschen hinzufügen und den Topf vom Herd nehmen.

¾ des Teigs auf einer leicht mit Mehl bestreuten Arbeitsfläche rund ausrollen und in eine gefettete, flache Kuchenform geben. (Idealerweise eine Pastetenform, eine normale Springform tut´s zur Not aber auch.) Den Teigboden ein paarmal mit einer Gabel einstechen, damit der Teig beim Backen keine Blasen wirft, und die Kirschfüllig gleichmäßig darauf verteilen.

Den restlichen Teig ausrollen und in zwei Dutzend schmale Streifen (ca. 2 cm breit und 25 cm lang, je nach Größe der Backform) schneiden. Die Streifen gitterartig und miteinander verflochten (siehe Bild) so über die Füllung legen, dass die Teigsteifen mit dem Rand des Kuchens abschließen. Mit dem Eigelb bestreichen und für ca. 40 Minuten bei 200° C im vorgeheizten Backofen backen. Anschließend aus dem Ofen nehmen und vor dem Servieren unbedingt mindestens 1 Stunde abkühlen lassen.

SANSAS ZITRONENKÜCHLEIN

»WENN MAN DAS SPIEL DER THRONE SPIELT, GEWINNT MAN ODER MAN STIRBT. DAZWISCHEN GIBT ES NICHTS.«
– Cersei Lannister

TROCKENZEIT BEACHTEN!

ZUTATEN

Für 12 Küchlein

3 Zitronen, unbehandelt
250 ml Wasser
225 g Zucker (zum Aufkochen)
150 g Zucker (für die Küchlein)
2 Eier
1 Eigelb
60 ml Saure Sahne
1 TL Vanilleextrakt
150 g Mehl
2 gestrichene TL Backpulver
1 Prise Salz
115 g Butter, flüssig, sowie noch etwas mehr zum Einfetten der Backform
3 EL Zitronenmarmelade

Außerdem erforderlich:
eine 12er-Muffin-Backform

ZUBEREITUNG

Von einer Zitrone die Schale abreiben und den Saft ausdrücken. Beiseitestellen. Die beiden anderen Zitronen in dünne Scheiben schneiden.

250 ml Wasser und 225 g Zucker in einen Topf geben und bei hoher Temperatur kurz aufkochen lassen. Die Temperatur reduzieren, die Zitronenscheiben hineingeben und ca. 5-7 Minuten köcheln lassen. Anschließend am besten mit einem Schaumlöffel aus dem Topf nehmen und etwas abtropfen lassen. Dann auf einem mit Backpapier ausgelegtem Backblech verteilen und 24 Stunden bei Raumtemperatur trocknen lassen.

150 g Zucker, die Eier und das Eigelb in eine große Schüssel geben und mit dem Schneebesen verrühren. Die Saure Sahne hinzugeben und gründlich einarbeiten. Dann die Zitronenzeste, den Zitronensaft und das Vanilleextrakt hinzufügen und alles vermischen. Das Mehl, das Backpulver und eine Prise Salz in die Schüssel geben und wiederum alles verrühren. Anschließend die Butter verflüssigen, zum Teig geben und unterrühren, gefolgt von der Zitronenmarmelade.

Die Mulden einer 12er-Muffin-Backform gründlich einfetten. Auf den Boden jeder Mulde eine Zitronenscheibe legen und dann so viel Teig einfüllen, bis die Mulden etwa zu Dreiviertel gefüllt sind. Die Zitronenküchlein im vorgeheizten Backofen bei 190° C ca. 20 Minuten lang backen.

Die Küchlein nach dem Backen 30 Minuten in der Form auskühlen lassen. Die Backform dann wenden und behutsam auf die Arbeitsfläche stürzen. Je nach Geschmack entweder noch etwas länger abkühlen lassen oder sofort servieren.

APERTURE
LABORATORIES
CHOCOLATE CHERRY
CAKE MIX
Safety First!
• Don't light candles in testing areas
• Only serve at the conclusion of a
• Keep cake away from robots
APERTURE
LABORATORIES

DER KUCHEN

»DER KUCHEN IST EINE LÜGE.«
– Schriftzug im Spiel

ZUTATEN

Für 1 Kuchen

4 Eier, getrennt
4 EL warmes Wasser
230 g Puderzucker
1 Päckchen Vanillezucker
175 g Mehl
50 g Kakaopulver
1 Päckchen Backpulver
110 g Butter
Tonnenweise Schokoraspeln

Für die Füllung:

700 g Sauerkirschen (aus dem Glas)
4 EL Kirschwasser
750 g Schlagsahne
6 Blätter weiße Gelatine
3 TL Puderzucker

Außerdem erforderlich:

eine Springform mit 24 cm Ø

ZUBEREITUNG

Das Eigelb zusammen mit dem Wasser, 150 g Puderzucker und dem Vanillezucker in einer kleinen Schüssel schaumig schlagen.

In einer anderen kleinen Schüssel das Eiweiß schlagen und 80 g Puderzucker einrieseln lassen. Nun das Mehl, das Kakaopulver und das Backpulver vermischen, darüber sieben und vorsichtig die Dottermasse unterheben. Die Butter bei niedriger Temperatur in einem Topf zerlassen und ebenfalls so lange unterrühren, bis das Ganze glatt und geschmeidig ist.

Die Springform so mit Backpapier auslegen, dass das Papier an den Seiten bis zum Rand hochreicht. Den Teig in die Form füllen und glattstreichen. Ca. 40-45 Minuten bei 180° C im vorgeheizten Ofen backen. Anschließend aus dem Ofen nehmen und komplett abkühlen lassen.

Derweil die Füllung zubereiten. Hierfür die Kirschen abtropfen lassen, 8 Stück zum Garnieren beiseitelegen und den Kirschsaft auffangen. Die Gelatine nach Packungsanleitung zubereiten. Die Sahne mit dem Puderzucker leicht aufschlagen und die Gelatine unter die Masse ziehen.

Ist der Tortenboden schließlich vollends abgekühlt, zweimal vorsichtig waagerecht durchschneiden, sodass drei gleich breite Scheiben entstehen. Großzügig mit dem aufgefangenen Kirschwasser beträufeln und den unteren Tortenboden dicht mit abgetropften Sauerkirschen belegen. Den zweiten Tortenboden darauf legen, wiederum mit Kirschwasser beträufeln und mit Schlagsahne bestreichen. Mit der dritten Tortenplatte abdecken.

Die ganze Torte ringsum mit der Schlagsahne bestreichen, jedoch unbedingt noch etwas zum Verzieren übrig behalten! Die Torte nun großzügig über und über mit den Schokorapseln bestreuen, bis alles davon bedeckt ist. Zu guter Letzt die restliche Schlagsahne mit einem Spritzbeutel oder einem Gefrierbeutel mit abgeschnittener Ecke in Form von acht Sahneröschen auf die Oberseite der Torte spritzen (siehe Foto) und auf jedes Röschen eine Kirsche setzen. Für 20 Minuten in den Kühlschrank stellen, erst dann leicht gekühlt servieren.

1-UP-PILZE

»SO, MEINE LAKAIEN! HEUTE IST DER TAG, AN DEM ICH PRINZESSIN PEACH ZU MEINER BRAUT MACHEN WERDE!«

– Bowser

ZUTATEN

Für 12 1-Up-Pilze

Für die Muffins:

200 g Butter
200 g Zucker
4 Eier
2 TL Backpulver
180 g Mehl
Saft von 1 Zitrone
6 EL Aprikosenmarmelade

Zum Verzieren:

300 g grüner Fondant
100 g weißer Fondant

Außerdem erforderlich:

12 Muffinförmchen aus Papier
12er-Muffin-Backform
schwarzer Edding-Filzstift

ZUBEREITUNG

Die Butter und den Zucker in einer Schüssel schaumig rühren. Die Eier unterrühren. Das Backpulver mit dem Mehl vermischen und ebenfalls unterrühren. Nach und nach den Zitronensaft hinzufügen und alles zu einem glatten, geschmeidigen Teig verarbeiten.

Eine 12er-Muffinform mit Papierförmchen bestücken. Die Förmchen zu 2/3 mit dem Teig füllen und im vorgeheizten Ofen bei 180° C ca. 20 Minuten backen bzw. so lange, bis an einem Zahnstocher, den man in die Mitte des Teigs piekt, beim Herausziehen kein Teig mehr kleben bleibt. Nun aus dem Backofen nehmen und vollständig abkühlen lassen. Die Cupcakes erst dann aus dem Backblech lösen.

In der Zwischenzeit den grünen Fondant so lange mit den Händen rollen, bis er weich wird. Dann glatt mit einer Dicke von 3-4 mm ausrollen und mit einem geeigneten Ausstecher Kreise daraus ausstechen, die groß genug sind, damit die Fondantkreise über die Oberseite der Muffins passen (siehe Bild). Die Muffins dünn mit der Aprikosenmarmelade bestreichen (jeweils ½ EL), jeweils ein grünes Fondantteil darüber legen und die Dellen vorsichtig glattstreichen.

Den weißen Fondant genauso ausrollen wie den grünen und kleine Kreise daraus ausstechen (ca. 2-3 cm Ø). Diese weißen Kreise auf der »Innenseite« mit etwas Wasser befeuchten und wie Flecken auf dem grünen »Pilz« arrangieren. Einige Minuten fest werden lassen. Zu guter Letzt mit Filzstift jeweils zwei senkrechte »Augenschlitze« auf die Papierförmchen der Muffins malen.

LEBKUCHENMANN

»ES WAR EINMAL EINE SCHÖNE PRINZESSIN. ABER SIE WAR MIT EINEM BÖSEN FLUCH BELEGT, DER NUR VON DER LIEBE ERSTER KUSS GEBROCHEN WERDEN KONNTE! (...) VIELE TAPFERE RITTER HATTEN VERSUCHT, SIE AUS IHREM ENTSETZLICHEN GEFÄNGNIS ZU BEFREIEN, DOCH KEINEM WAR ES GELUNGEN. SO WARTETE SIE IM OBERSTEN RAUM DES HÖCHSTEN TURMS AUF IHRE WAHRE LIEBE ... UND DER WAHREN LIEBE ERSTER KUSS! HA, HA, HA, HA! DARAUF KANN SIE LANGE WARTEN! OH, WAS FÜR EIN HAUFEN SCHEI-« [KLOSPÜLUNG]

– Shrek

ZUTATEN

Für 10 große oder 20 kleine Lebkuchenmänner, je nach Ausstecher-Größe

Für den Lebkuchenteig:

500 g Mehl
1 TL Natron
2 EL Ingwer, gemahlen
2 EL Zimt
½ TL Nelken, gemahlen
¼ TL Muskatnuss, frisch gemahlen (nach Belieben)
½ TL Salz
125 g weiche Butter
125 g Zucker
1 Ei
200 ml Zuckerrübensirup
2-3 EL Wasser

Zum Verzieren:

1 Eiweiß
1 Prise Salz
200 g Puderzucker
Back- und Lebensmittelfarben (blau, rot)
Blaue Smarties

Außerdem erforderlich:

Lebkuchenmann-Ausstecher
Einwegspritzbeutel oder Gefrierbeutel

ZUBEREITUNG

Das Mehl, das Natron und die Gewürze in einer kleinen Schüssel miteinander vermischen und beiseitestellen.

Die weiche Butter und den Zucker mit einem Handmixer schaumig schlagen. Das Ei unterrühren, anschließend den Zuckerrübensirup hinzufügen. Dann nach und nach das Wasser dazugeben und auf niedrigster Stufe einen Moment weiterschlagen, bis alles gut miteinander vermengt ist. Das trockene Mehlgemisch kurz unterheben (nicht zu viel vermischen, sonst wird das Gebäck später hart; bei Bedarf einen weiteren EL Wasser hinzufügen), den Teig halbieren, jede Hälfte zu einer dicken Scheibe formen, in Frischhaltefolie einwickeln und eine Stunde in den Kühlschrank legen.

Den Backofen auf 175° C vorheizen. Zwei Backbleche mit Backpapier auslegen. Den Lebkuchenteig auf einer leicht mit Mehl bestäubten Arbeitsfläche ca. 5 mm dick ausrollen und mit einer Lebkuchenmann-Form ausstechen. Die Lebkuchen nicht zu eng nebeneinander auf das Backblech legen und ca. 10 Minuten backen. Anschließend aus dem Ofen nehmen, ca. 5 Minuten auf dem Blech abkühlen lassen, dann zum vollständigen Abkühlen auf ein Gitter legen.

In der Zwischenzeit zum Verzieren in einer kleinen Schüssel das Eiweiß mit einer Prise Salz und dem Puderzucker zwei Minuten lang mit einem Handmixer aufschlagen. Die Glasur in drei gleichmäßige Teile aufteilen. Eine Glasur weiß lassen, eine mit Lebensmittelfarbe hellblau und die andere rot färben. Jeweils in einen Einwegspritzbeutel oder einen Gefrierbeutel mit abgeschnittener Ecke geben. Die abgekühlten Lebkuchenmänner wie auf dem Bild zu sehen verzieren. Zuletzt mit je einem Tropfen Glasur die beiden Smarties auf der Brust des Männchens anbringen. Einige Minuten ruhen lassen, damit die Glasur fest wird. Anschließend am besten in einem luftdichten, verschließbaren Behälter aufbewahren.

QUEENIES HERBEIGEZAUBERTER APFELSTRUDEL

»SIE SIND ALSO DER MANN MIT DEM KOFFER VOLLER MONSTER, HÄH?«
– Gnarlack

ZUTATEN

Für ca. 8 Portionen

5 säuerliche Äpfel, ungespritzt, mit Schale
50 g Butter
120 g Rosinen
100 g zarte Haferflocken
90 g Zucker
1 EL Zimt
1 Schuss Rum
2 fertige Blätterteigplatten (aus der Kühltruhe)
Puderzucker zum Verzieren

ZUBEREITUNG

Die Äpfel waschen, abtrocknen und mit einem Spargelschäler vorsichtig so schälen, dass möglichst viel von der Schale an einem Stück (idealerweise als Spirale) abfällt. Die Schale beiseitelegen und die Äpfel in kleine Stücke schneiden. Den Backofen auf 190° C vorheizen.

Die Butter und die Rosinen bei niedriger Temperatur in eine Pfanne geben und gut durchschwenken. Ist die Butter geschmolzen, die Haferflocken, den Zucker und den Zimt hinzufügen. Dann die Apfelstückchen und einen guten Schuss Rum mit in die Pfanne geben, alles gut vermischen und einige Minuten lang anbraten.

In der Zwischenzeit den Blätterteig ausrollen. Die erste Platte ausgerollt beiseitelegen; die zweite für die Flechtverzierungen und die Röschen verwenden. Die Platte hierzu parallel zur langen Seite in vier gleich große Streifen (ca. 3-4 cm breit) schneiden.

Nun die Masse aus der Pfanne nehmen und mittig in einer gleichmäßigen Bahn auf der ersten Teigplatte verteilen. Den Teig dann an beiden Längsseiten und an den Enden einschlagen und andrücken, um die Rolle zu verschließen.

Aus drei der vier Teigstreifen Flechtbänder formen. Die drei Streifen hierzu nochmals in drei dünnere Streifen schneiden und einen gewöhnlichen »Zopf« flechten. Die Flechtbänder anschließend behutsam um den Strudel wickeln und mit leicht angefeuchteten Fingern vorsichtig andrücken.

Jetzt den vierten Teigstreifen in drei schmalere Streifen schneiden, die dann wiederum in der Mitte geteilt werden, sodass sechs gleichmäßige Teigstreifen entstehen. Jeweils eine Apfelschale auf jeden dieser Streifen legen und daraus kleine Röschen rollen, die in regelmäßigen Abständen auf dem Strudel platziert werden. Den fertig verzierten Strudel schließlich ca. 15-20 Minuten in den vorgeheizten Ofen geben bzw. so lange, bis der Teig goldbraun gebacken ist. Aus dem Ofen nehmen, mit Puderzucker bestreuen und vor dem Anschneiden unbedingt ca. 30 Minuten ruhen lassen!

ROKEG-BLUTKUCHEN

»DAS WOHL VON VIELEN, ES WIEGT SCHWERER ALS DAS WOHL VON WENIGEN ODER EINES EINZELNEN. ICH WAR ES – UND WERDE ES IMMER SEIN – IHR FREUND. LEBEN SIE LANGE UND IN FRIEDEN.«
– Mr. Spock zu Captain Kirk

ZUTATEN

Für 1 Kuchen

Für den Mürbeteig:

300 g Mehl sowie noch etwas mehr zum Bestreuen
175 g weiche Butter
50 g Zucker
25 g Vanillezucker
1 EL gemahlene Mandeln
1 Eigelb
3 EL kaltes Wasser
etwas Fett für die Tarte-Form

Für den Pudding:

500 ml Milch
Mark und Schote von ½ Vanilleschote
1 Eigelb
2 EL Zucker
1 EL Speisestärke

Für den Belag:

500 g TK-Waldbeeren, aufgetaut
150 ml Kirschnektar
Saft von 1 Zitrone
50 g Zucker
75 ml kaltes Wasser
2 Blätter Gelatine
etwas TK-Blätterteig (fertig)

Außerdem erforderlich:

eine Tarte-Form (28 cm Ø)

ZUBEREITUNG

Den Mürbeteig zubereiten: Das Mehl und die Butter so lange mit den Fingern in einer Schüssel verkneten, bis eine bröselige Masse entsteht. Den Zucker, den Vanillezucker und die Mandeln einkneten. Das Eigelb mit 3 EL kaltem Wasser verrühren, mit in die Schüssel geben und alles zu einem glatten, geschmeidigen Teig verarbeiten. Zu einer Rolle formen, fest in Frischhaltefolie wickeln und für 30 Minuten in den Kühlschrank geben.

Den gekühlten Teig auf einer bemehlten Arbeitsfläche ca. 5 mm dick ausrollen. Mit etwas Mehl bestreuen, locker auf das Nudelholz aufrollen und in die eingefettete Tarte-Form heben. Den Teig an den Seiten andrücken und allen überschüssigen Rand abschneiden. Den Teigboden mit Backpapier bedecken und mit Backerbsen beschweren. Ca. 25 Minuten im vorgeheizten Backofen bei 175° C backen. Aus dem Ofen nehmen und 10 Minuten abkühlen lassen. Die Backerbsen und das Papier entfernen und nochmals für 5 Minuten in den Ofen geben. Anschließend komplett auskühlen lassen. Erst dann aus der Backform lösen.

Den Pudding zubereiten: Für den Pudding die Milch mit der Vanille bei mittlerer Temperatur aufkochen. Die übrigen Zutaten in einer Schüssel miteinander verquirlen und in die kochende Milch einrühren. 1 Minute lang aufkochen. Vom Herd nehmen und etwas abkühlen lassen.

Den Belag zubereiten:In einem kleinen Topf den Nektar, den Zitronensaft und den Zucker aufkochen. Nach Packungsbeilage zwei Blätter Gelatine zubereiten, zusammen mit etwas kaltem Wasser in den Topf geben und glatt rühren. Die Beeren unterheben und unter ständigem Rühren 1 Minute köcheln lassen. Vom Herd nehmen und etwas abkühlen lassen; dabei gelegentlich umrühren.

Etwas TK-Blätterteig auf einer leicht mit Mehl bestreuten Arbeitsfläche ausrollen und mit einem scharfen Messer die vier Einzelteile des Klingonen-Wappens daraus ausschneiden (siehe Bild). Auf einem mit Backpapier ausgelegten Backblech 8-10 Minuten bei 175° C in den vorgeheizten Backofen geben. Aus dem Herd nehmen und abkühlen lassen.

Alles zusammenfügen: Die abgekühlte Tarte vorsichtig aus der Form stürzen. Den lauwarmen Pudding auf dem Boden verteilen und das Beerenpüree gleichmäßig darauf verteilen. Darauf das Klingonen-Wappen aus Blätterteig arrangieren. Vor dem Servieren unbedingt 30 Minuten im Kühlschrank kaltstellen!

BAD NIEDERFUNKELN-CUPCAKES

»BLEIBT EIN WEILCHEN UND HÖRT ZU …«
– Deckard Cain, Gelehrter

ZUTATEN

Für 12 Cupcakes

Für die Cupcakes:

3 Eier
140 g Zucker
1 Päckchen Vanillezucker
80 g Butter
200 g Mehl
½ Päckchen Backpulver
140 ml Milch
8 frische Kirschen

Für die Creme:

60 g weiche Butter
375 g Puderzucker
Mark einer ausgeschabten Vanilleschote
1 Prise Salz
4 EL Milch

Außerdem erforderlich:

12 Muffinförmchen aus Papier
12er-Muffin-Backform

ZUBEREITUNG

Die Cupcakes zubereiten: Die Eier in einer Schüssel mit dem Rührgerät schaumig schlagen. Dann den Zucker, den Vanillezucker, die Butter, das Mehl, das Backpulver und die Milch dazugeben. Alles gründlich zu einer glatten, cremigen Masse verarbeiten.

Ein 12er-Muffinblech mit Papierförmchen auslegen. Jedes Förmchen zur Hälfte mit Teig füllen und im vorgeheizten Ofen bei 180° C ca. 30 Minuten backen bzw. so lange, bis an einem Zahnstocher, den man in die Mitte des Teigs pikt, beim Herausziehen kein Teig mehr kleben bleibt. Dann aus dem Ofen nehmen und vollständig abkühlen lassen. Die Cupcakes erst dann aus dem Backblech nehmen.

Die Creme zubereiten: Sämtliche Zutaten in eine kleine Schüssel geben und mit einem Rührgerät cremig schlagen.

Die Creme in einen Spritzbeutel oder einen Gefrierbeutel mit einer abgeschnittenen Ecke geben und spiralförmig, von außen nach innen, jeden einzelnen (abgekühlten) Cupcake mit der Creme krönen. Jeweils eine der frischen Kirschen oben draufgeben. Fertig!

Pokémon

LAVAKEKSE

»WIE BEIM KARTENSPIEL KOMMT ES AUCH IM WIRKLICHEN LEBEN DARAUF AN, DAS BESTE AUS DEM ZU MACHEN, WAS EINEM GEGEBEN WURDE, ANSTATT SICH ÜBER EIN UNGÜNSTIGES BLATT ZU BESCHWEREN UND MIT DEM SCHICKSAL ZU HADERN.«
— Astor

ZUTATEN

Für 20 Kekse

250 g Butter
130 g brauner Zucker
70 g weißer Zucker
½ TL Salz
2 Eier
1 Päckchen Vanillezucker
280 g Mehl
1 TL Natron
200 g Schokolade nach Wahl, grob gehackt
20 dünne Schokoladenblättchen (ca. 3 cm lang, 2 cm breit)

ZUBEREITUNG

Den Backofen (Umluft) auf 190 °C vorheizen. Ein Backblech mit Backpapier auslegen.

Die Butter mit beiden Zuckersorten und dem Salz in einer großen Schüssel schaumig schlagen. Die Eier und den Vanillezucker hinzufügen und cremig rühren.

In einer anderen Schüssel etwas Mehl mit dem Natron vermischen, das restliche Mehl dann löffelweise unter die Butter-Zucker-Masse rühren. Schließlich das Mehl-Natron-Gemisch in die Butter-Zucker-Masse einarbeiten. Nun die gehackte Schokolade unter den Teig mischen.

Den Teig esslöffelweise auf das vorbereitete Backblech geben. Zwischen den einzelnen Teigklecksen viel Platz lassen, da die Kekse recht stark zerlaufen! Da man maximal 8-10 Cookies pro Blech backen sollte, muss man den Teig in 2-3 »Ladungen« verarbeiten. Ca. 8-9 Minuten in den vorgeheizten Ofen geben. Perfekt sind die Cookies, wenn die Ränder leicht gebräunt und die Kekse im Kern noch ein wenig »feucht« sind.

Dann sofort aus dem Ofen nehmen und ganz vorsichtig (weil sehr zerbrechlich!) auf einen Teller geben. Nicht auf dem heißen Blech lassen! Kurz warten, damit die Kekse etwas abgekühlt sind, und auf jeden der Kekse eins der Schokoblättchen legen, sodass der Rand des Schokoladenblättchens bündig mit dem Keks abschließt (siehe Bild). Die »Restwärme« der Cookies schmilzt die Schokoblättchen soweit, dass sie sich an den Keks schmiegen.

Am besten gekühlt in einer Dose aufbewahren. Die Kekse sind ca. 4-5 Tage haltbar.

TEAM
PENNY

CHEESE CAKE FACTORY-KÄSEKUCHEN

»BAZINGA!«
— Sheldon Cooper

KÜHLZEIT BEACHTEN!

ZUTATEN

Für 1 Kuchen

125 g Butter
250 g Hafervollkorn-Kekse
etwas Fett und Mehl (für die Form)
900 g Doppelrahm-Frischkäse, bei Raumtemperatur
300 g Zucker
30 g Speisestärke
1 TL Vanilleextrakt
3 Eier
175 ml Schlagsahne

Außerdem erforderlich:
eine Springform (26 cm Ø)
großer Gefrierbeutel

ZUBEREITUNG

Für den Tortenboden die Butter in einem Topf zerlassen. Vom Herd nehmen und etwas abkühlen lassen.

Die Kekse in einen großen Gefrierbeutel füllen und mit einer Teigrolle fein zerbröseln. Die Keksbrösel und die zerlassene Butter gut miteinander vermischen. Die Springform (26 cm Ø) fetten und mit Mehl ausstreuen. Die Brösel in die Springform geben und zu einem glatten Boden festdrücken. Ca. 30 Minuten kaltstellen.

Zwei Bahnen Alufolie (à ca. 40 cm) kreuzweise auf die Arbeitsfläche legen. Die Springform mittig daraufstellen. Die Alufolie an der Außenwand der Springform hoch- und umschlagen, dabei eng andrücken.

Den Frischkäse, den Zucker, die Stärke und das Vanilleextrakt in einer großen Schüssel miteinander verrühren. Nacheinander die Eier und die Sahne unterrühren. Die Frischkäsecreme dann auf den abgekühlten Tortenboden gießen. Die Backform in die Fettpfanne des Backofens stellen und so viel heißes Wasser in die Pfanne gießen, dass das Wasser am Springformrand ca. 2,5 cm hoch reicht. Im vorgeheizten Backofen bei 175 ° C ca. 1 Stunde backen bzw. so lange, bis die Creme kaum noch wackelt, wenn man leicht an der Form rüttelt.

Den Käsekuchen aus dem Ofen nehmen und behutsam die Alufolie entfernen. Den Kuchen ca. 1 Stunde in der Form auf einem Kuchengitter abkühlen lassen. Mit Frischhaltefolie abdecken und mindestens 5 Stunden, besser aber über Nacht, in den Kühlschrank stellen. Anschließend den Kuchen aus der Form lösen, anrichten und zum Servieren in Stücke schneiden.

CONSERVE WATER
DRINK BEER

PINKE DONUTS

»ALLES IST IN BESTER ORDNUNG – SO LANGE ICH GENUG BIER IM KÜHLSCHRANK HABE!«
– Homer Simpson

ZUTATEN

Für ca. 8 Stück

Für die Donuts:
200 g Weißmehl
1 ½ TL Trockenhefe
3 EL Zucker
1 EL weiche Butter
1 Prise Salz
100 ml Milch
1 Ei
etwas Butter (zum Einfetten der Backform)
etwas Mehl (zum Bestäuben der Backform)

Für die Glasur:
150 g TK-Himbeeren
150 g Puderzucker
2-3 Tropfen pinke Lebensmittelfarbe
Bunte Streusel

Außerdem erforderlich:
eine Donut-Backform

ZUBEREITUNG

Das Mehl in eine Schüssel sieben und eine Vertiefung in die Mitte drücken. Die Hefe hineinbröseln. Den Zucker, die Butter und das Salz hinzugeben und einarbeiten. Die Milch und das Ei in einer anderen Schale vermischen und anschließend mit dem Mehl zu einem geschmeidigen Teig verrühren.

Eine Donut-Backform mit Butter ausstreichen und mit etwas Mehl bestäuben. Den Teig in sechs bis acht (je nach Formgröße) möglichst gleich große Stücke aufteilen und mit leicht angefeuchteten Händen zu Kugeln formen. Mit einem Kochlöffelstiel ein Loch in die Mitte jeder Teigkugel stechen, den Teig zu einem Ring auseinanderziehen und in die Backform geben. Leicht andrücken und glattstreichen. Anschließend mit einem sauberen Küchentuch abgedeckt an einem warmen Ort eine Stunde gehen lassen.

Die Donuts im vorgeheizten Backofen bei 200° C 12-15 Minuten backen.

Derweil die TK-Himbeeren auftauen und fein pürieren. In eine flache Schale geben. Den Puderzucker und die Lebensmittelfarbe hinzufügen und das Ganze zu einer geschmeidigen, homogenen Masse verrühren. Sobald die Donuts fertig sind, aus dem Ofen nehmen und jeweils zur Hälfte in die Glasur tauchen (siehe Bild). Mit den bunten Streuseln bestreuen und vor dem Servieren am besten noch einige Minuten abkühlen lassen.

BLAUE MILCH

»VERGISS NICHT, DIE MACHT WIRD MIT DIR SEIN – IMMER.«
– Obi-Wan Kenobi

ZUTATEN

Für 2 Drinks

100 ml Ananassaft
100 ml Batida de Côco
200 ml Milch
3 EL Naturjoghurt
2 EL Agavensirup
Blaue Lebensmittelfarbe
Zerstoßenes Eis

ZUBEREITUNG

Alle Zutaten bis auf die Lebensmittelfarbe in ein geeignetes, hochwandiges Gefäß geben und mit einem Handmixer (besser: mit einem Standmixer) schaumig rühren.

Die Lebensmittelfarbe dazugeben, bis die Milch die gewünschte Blaufärbung besitzt. Noch einmal kurz durchmixen und vor dem Servieren 1-2 Minuten setzen lassen.

Etwas zerstoßenes Eis in zwei Highball-Gläser geben und mit der Blauen Milch aufgießen.

BLIND
DEALER

WODKA MARTINI

BARKEEPER: »HÄTTEN SIE IHREN WODKA MARTINI GERNE GESCHÜTTELT ODER GERÜHRT?«
JAMES BOND: »SEHE ICH AUS WIE JEMAND, DEN DAS INTERESSIERT?«

— *aus* Casino Royale *(2006)*

ZUTATEN

Für 1 Drink

60 ml Gordon´s-Gin
20 ml hochwertiger Wodka
10 ml Lillet Blanc
einige Eiswürfel
1 Olive auf einem Cocktailspieß

ZUBEREITUNG

Ein Martiniglas einige Minuten lang zum Abkühlen ins Eisfach geben.

Einen Cocktailshaker zur Hälfte mit Eiswürfeln füllen. Den Gin, den Wodka und den Lillet Blanc hinzufügen und so lange shaken, bis das Getränk eiskalt ist.

In das vorgekühlte Martiniglas seihen und mit dem Oliven-Spieß dekorieren. Sofort servieren.

DMV CALIFORNIA
DMV
Red Apple

5-DOLLAR-SHAKE

»OH, MEIN GOTT. DAS IST EIN VERDAMMT GUTER MILCHSHAKE. ICH WEISS NICHT, OB ER FÜNF DOLLAR WERT IST, ABER ER IST VERDAMMT GUT!«
– Vincent Vega

ZUTATEN

Für 1 Shake

1 Vanilleschote, ausgekratzt
½ Tonkabohne, fein gerieben
200 ml Milch, sehr kalt
100 ml Schlagsahne
1 Schuss brauner Rum
2 EL Zucker
etwas zerstoßenes Eis
1 Prise Salz
½ Banane, geschält
1 Kugel Vanilleeis
Sprühsahne
1 frische Kirsche

ZUBEREITUNG

Die Vanilleschote längs halbieren und das Mark auskratzen. Eine halbe Tonkabohne fein reiben.

Die Milch, die Sahne, den Rum, den Zucker, das ausgekratzte Vanillemark, die Tonkabohne, etwas zerstoßenes Eis, eine Prise Salz und die halbe Banane in einen Standmixer geben und so lange durcharbeiten, bis das Eis vollends in der Flüssigkeit aufgegangen ist.

In ein hohes Glas gießen (3/4 voll), eine Kugel gutes Vanilleeis hineingeben, mit Sprühsahne krönen und mit einer frischen Kirsche garniert sofort servieren.

H
NUNQUAM TITILLANDUS

BUTTERBIER

HERMINE: »IST DOCH IRGENDWIE LUSTIG, SÄMTLICHE REGELN ZU BRECHEN!«
RON: »WER BIST DU UND WAS HAST DU MIT HERMINE GEMACHT?«
— *aus* Harry Potter und der Orden des Phönix *(2007)*

ZUTATEN

Für 4 Drinks

1 TL Butter
2 EL Rohrzucker
1 Vanilleschote
500 ml Milch
100 ml Sahne
1 EL Zimt
½ EL Kakaopulver
½ Päckchen Vanillezucker
250 ml Malzbier

ZUBEREITUNG

In einem Topf bei niedriger Hitze die Butter schmelzen. Den Rohrzucker hinzufügen und unter ständigem Rühren leicht karamellisieren lassen.

Die Vanilleschote mit einem spitzen Messer der Länge nach aufschlitzen und das Mark herauskratzen. Die ausgekratzte Schote und das Vanillemark mit der Milch, der Hälfte der Sahne, dem Zimt, dem Kakaopulver und dem Vanillezucker in den Topf geben. Alles gründlich miteinander vermengen und kurz köcheln lassen. Dann den Topf vom Herd nehmen und das Malzbier einrühren.

Das Butterbier noch einmal kurz erwärmen, aber keinesfalls kochen, da sich sonst unschöne Flöckchen bilden! Wiederum vom Herd nehmen und etwas abkühlen lassen.

Derweil die restliche Sahne steif schlagen. Das warme Butterbier in hitzebeständige Gläser füllen und jeweils einen Löffel Schlagsahne darauf geben. Sofort servieren.

Nuka
Cola™
Nuka
Cola

NUKA-COLA

»DAS KÖNNEN WIR MIT EINEM KRITISCHEN TREFFER IN DIE AUGEN WIEDER HINBIEGEN!«
— Cassidy

ZUTATEN

Für ca. 0,5 l Nuka-Cola-Sirup (ca. 15-20 Drinks)

Für den Nuka-Cola-Sirup:

500 ml Wasser
600 g Zucker
Zeste und Saft von ½ Orange
Zeste und Saft von ½ Limone
Zeste und Saft von ½ Zitrone
1 Zimtstange
3 Kardamomkapseln
½ TL Koriandersaat
2 Sternanis
60 ml Browning-Sauce
1 TL Vanilleextrakt

Für die Nuka-Cola:

250 ml Mineralwasser, kalt
Eiswürfel
5-6 EL Nuka-Cola-Sirup

ZUBEREITUNG

Nuka-Cola-Sirup herstellen: Das Wasser, den Zucker, die Orangenzeste, die Limonenzeste, die Zitronenzeste, die Zimtstange, die Kardamomkapseln, die Koriandersaat und den Sternanis in einem großen Topf miteinander vermischen und bei mittlerer bis großer Hitze auf den Herd stellen. Verquirlen, bis sich der Zucker komplett aufgelöst hat und zum Kochen bringen. Die Temperatur anschließend auf niedrig reduzieren und 10 Minuten köcheln lassen.

Vom Herd nehmen und in einen luftdichten Behälter seihen. Den Orangensaft, den Limonensaft und den Zitronensaft dazugeben (insgesamt ca. 80 ml Saft). Die Browning-Sauce und das Vanilleextrakt einrühren. Ist der Sirup abgekühlt, abdecken und in den Kühlschrank stellen, wo er bis zu zwei Wochen haltbar bleibt.

Ein Glas eiskalte Nuka-Cola zubereiten: Das Mineralwasser, die Eiswürfel und (je nach Geschmack) 5 bis 7 Esslöffel Nuka-Cola-Sirup zusammen in ein großes Glas geben und alles gründlich verrühren. Sofort servieren.

Tru Blood

BON TEMPS BLOODY MARY

»ICH BIN VIELLEICHT EIN VAMPIR, BILL, ABER ICH BIN AUCH EIN MÄDCHEN.«
– Jessica

ZUTATEN

Für 1 Drink

- 8 Eiswürfel
- 50 ml Wodka
- 150 ml Tomatensaft
- 10 ml frisch gepresster Zitronensaft
- 1 guter Schuss Worcestershire-Sauce
- 2 Tropfen Tabasco
- 1 Prise Selleriesalz
- 1 Prise frisch gemahlener Pfeffer
- Zitronen- oder Limettenscheibe, nach Belieben
- 1 Stange Staudensellerie, nach Belieben

ZUBEREITUNG

Die Eiswürfel in ein Rührglas geben. Sämtliche Zutaten hinzufügen und alles so lange gründlich mit einem Barlöffel verrühren, bis das Glas beschlägt.

Den Inhalt des Rührglases durch ein Barsieb in ein Longdrinkglas seihen. Nach Belieben mit einer Zitronen- bzw. Limettenscheibe und/oder einer knackigen Stange Staudensellerie im Glas garnieren. In diesem Fall den Sellerie vorher waschen, abtrocknen und die Enden abschneiden.

FEDERATIONofBEER.COM

ROMULANISCHES ALE

DER WELTRAUM – UNENDLICHE WEITEN. WIR SCHREIBEN DAS JAHR 2200. DIES SIND DIE ABENTEUER DES RAUMSCHIFFS ENTERPRISE, DAS MIT SEINER VIERHUNDERT MANN STARKEN BESATZUNG FÜNF JAHRE UNTERWEGS IST, UM FREMDE GALAXIEN ZU ERFORSCHEN, NEUES LEBEN UND NEUE ZIVILISATIONEN. VIELE LICHTJAHRE VON DER ERDE ENTFERNT, DRINGT DIE ENTERPRISE IN GALAXIEN VOR, DIE NIE EIN MENSCH ZUVOR GESEHEN HAT.

– Intro der Original-TV-Serie Raumschiff Enterprise *(1966–1969)*

ZUTATEN

Für ein großes Bier

250 ml Bier (möglichst ein helles Pils)
50 ml Zitronenlimonade
100 ml Blue Curaçao
30 ml Wodka
Blaue Lebensmittelfarbe (optional)

ZUBEREITUNG

Das Bier vorsichtig in ein hohes Glas oder einen Bierkrug geben, anschließend die Zitronenlimonade nachgießen und zuletzt den Blue Curaçao und den Wodka hinzufügen. Behutsam umrühren. Sollte die Blaufärbung noch nicht die gewünschte Intensität besitzen, ggf. noch etwas blaue Lebensmittelfarbe unterrühren.

ZAPP

SLURM

»DANN BAU ICH MIR HALT MEINEN EIGENEN VERGNÜGUNGSPARK! MIT BLACKJACK UND NUTTEN! ACH WAS, VERGESST BLACKJACK!«
– Bender Bending Rodriguez

ZUTATEN

Für 1 Drink

30 ml Birnensaft
30 ml klarer Apfelsaft
20 ml Bananennektar
20 ml Waldmeistersirup
50 ml Orangensaft
50 ml Blue Curaçao
Eiswürfel
100 ml Sekt (nach Geschmack) oder eiskaltes Mineralwasser, zum Aufgießen
Grüne Lebensmittelfarbe (optional)

ZUBEREITUNG

Den Birnensaft, den Apfelsaft, den Bananennektar, den Waldmeistersirup, den Orangensaft und den Blue Curaçao in einen Shaker geben und gut miteinander vermischen.

Die Eiswürfel mit in den Shaker geben und wiederum mit geschlossenem Deckel 20 Sekunden lang kräftig schütteln. Den Inhalt durch ein Sieb in ein hohes Glas gießen und vorsichtig mit Sekt oder eiskaltem Mineralwasser aufgießen. Sollte die Grünfärbung noch nicht intensiv genug sein, mit einem Tropfen grüner Lebensmittelfarbe »nachhelfen« und vor dem Servieren alles nochmals gut verrühren.

GULP & GUFFAW!
SIP & SHRIEK!
Pinnock's
GIGGLE WATER
AMERICA'S FAVORITE MERRYMAKING MELANGE
"LIQUID GLEE"
Contains Pure Chortle Extract
Produce of U.S.A

GIGGELWASSER

»SECHS GLÄSER GIGGELWASSER UND EINEN SCHÄDELSPALTER, BITTE.«
– Queenie Goldstein in der Bar »Zum Blinden Schwein«

ZUTATEN

Für 6 Shots

90 ml Bourbon
30 ml Butterscotch-Likör
60 ml Apfelsaft
90 ml Champagner oder trockener Sekt
ggf. sechs Eiswürfel

TIPP

Den Butterscotch-Likör kann man (sofern volljährig) problemlos übers Internet beziehen.

ZUBEREITUNG

Den Bourbon, den Likör und den Apfelsaft in ein großes Rührglas geben und gut vermischen.

Nach Belieben je einen Eiswürfel in sechs kleine Gläser geben. Die Mischung gleichmäßig auf die Gläser verteilen und mit Champagner oder trockenem Sekt aufgießen.

In einem Schluck runterstürzen.

Unkontrolliert loslachen.

Fortnite: Battle Royale

SCHILDTRANK

DER SCHLACHTENBUS STARTET IN 5 ... 4 ... 3 ... 2... 1 SEKUNDEN!
– Fortnite: Battle Royale

ZUTATEN

Für 1 Schildtrank (450 ml)

30 ml Orangensaft
170 ml Blue Curaçao
50 ml Kokosnussrum
200 ml Sekt (nach Geschmack)
Blaue Lebensmittelfarbe (optional)

Außerdem erforderlich:

1 Einweckglas mit Bügelverschluss (500 ml)

ZUBEREITUNG

Den Orangensaft, den Blue Curaçao und den Rum in einem Shaker gut durchmischen.

In ein ausgewaschenes Einweckglas mit Bügelverschluss geben und mit dem Sekt aufgießen. Sollte das Blau des Schildtranks noch nicht die gewünschte Intensivität haben, optional ein, zwei Tropfen blauer Lebensmittelfarbe hinzugeben und gründlich einrühren, bis alles gut vermischt ist.

ORANGE WHIP

»WIR SIND IM AUFTRAG DES HERRN UNTERWEGS.«
— Elwood Blues

ZUTATEN

Für 1 Drink

3 cl Rum
3 cl Wodka
12 cl Orangensaft
3 cl Schlagsahne
einige Eiswürfel
1 Prise Vanillezucker
Sprühsahne
1 Orangenspalte

ZUBEREITUNG

Den Rum, den Wodka, den Orangensaft und die Schlagsahne zusammen mit dem Vanillezucker in einen Cocktailshaker geben und 30 Sekunden lang gut shaken.

Das Eis in ein hohes Glas geben und den Inhalt des Shakers darüber gießen.

Mit einem Klecks Sprühsahne krönen und mit einer Orangenspalte garniert servieren.

DANKSAGUNG

Dieses Buch ist für mich ein Traum, von dem ich niemals geglaubt hätte, dass er eines Tages wahr werden würde. Doch genau das ist passiert: Was dereinst als weinselige Fantasterei eines filmbegeisterten Hobbykochs – oder eher: eines hobbykochenden Filmfreaks – begann, ist heute gedruckte Realität. Das ist jedoch keinem Wunder oder irgendeiner anderen Art von »göttlicher Fügung« geschuldet, sondern vor allem Beharrlichkeit, Fleiß und jeder Menge harter Arbeit – nicht bloß meiner eigenen, sondern auch der vieler anderer Menschen, die Zeit, Schweiß und Mühe investiert haben, um dieses ambitionierte Projekt allen Widrigkeiten zum Trotz in die Tat umzusetzen.

Als da wären (in keiner bestimmten Reihenfolge): Jo »Nicht gemeckert ist genug gelobt« Löffler und Holger »Holle« Wiest von Panini Books, meine »Dinos«, ohne die nichts so wäre, wie es ist; Roberts »Rob« Urlovskis, mein Layouter, treuer Weggefährte und »Mädchen für alles«; Oskar Böhm & Annelies Haubold; der K-Clan mit Tobi, Andrea, Finja & Lea; Katharina »die einzig wahre Katze« Böhm, die beste Mutter (und Oma), die man sich nur wünschen kann; Angelos Tsirigotis, der »schwäbische Grieche«, auf dessen Konto das brillante Innencover geht; mein »Bruder von ´nem anderen Luder« Thomas B. nebst Anhang, für viele unvergessliche Erinnerungen und unser alljährliches Männerwochenende; Ulrich »die Pest« Peste, der langsam, aber sicher vom Kumpel zum Freund wird; mein unvergleichliches Foto-Team Gerd »Eiskaltes Händchen« Hemsing & Katalin »Muss ich sofort ausprobieren« Sievers, ohne die dieses Buch vollkommen anders (und vermutlich nicht halb so großartig) aussehe; und last, but not least meine Familie, die mir die Zeit, die Kraft, die Möglichkeit und die Freiheit gibt, Abenteuer wie dieses zu erleben.

Für alles, das Ihnen an HOLLYFOOD gefällt, danken Sie diesen wunderbaren Leutchen. Für alle inhaltlichen Unsauberkeiten, fehlerhafte Mengenangaben, übermäßige Sentimentalitäten und zu viel Selleriesalz dürfen Sie hingegen gern Asche auf mein kahles Haupt streuen. Oder, noch besser, geigen Sie mir auf folgenden Social Media-Kanälen ordentlich die Meinung:

Tom Grimm

Folgen Sie mir auf

@tom.grimm.autor

@tom.grimm.autor

@tom_grimm_autor

www.grinningcat.de

WEITERE KOCHBUCH-HIGHLIGHTS VON PANINI BOOKS

Overwatch: Das offizielle Kochbuch
ISBN 978-3-8332-3840-6

Star Wars Galaxy´s Edge: Das offizielle Kochbuch des Black Spire-Außenpostens
ISBN 978-3-8332-3856-7

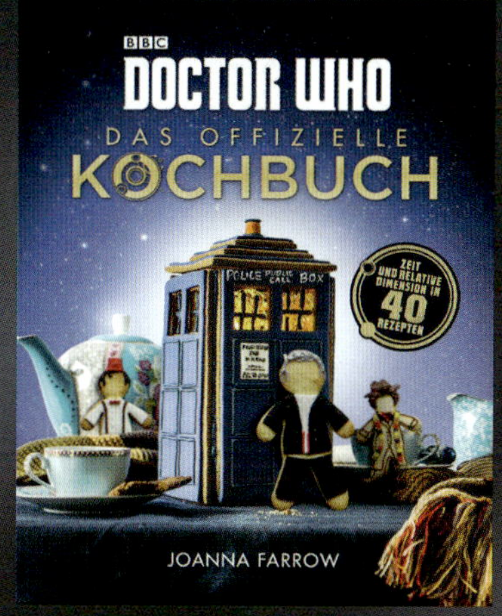

Doctor Who: Das offizielle Kochbuch
ISBN 978-3-8332-3716-4

Fallout: Das offizielle Kochbuch für Vault-Bewohner
ISBN 978-3-8332-3706-5

The Walking Dead: Das offizielle Koch- und Überlebenshandbuch
ISBN 978-3-8332-3573-3

World of Warcraft: Das offizielle Kochbuch
ISBN 978-3-8332-3375-3

Hearthstone: Die besten Gasthaus-Rezepte
ISBN 978-3-8332-3574-0

Das ultimative inoffizielle Kochbuch für Minecrafter
ISBN 978-3-8332-3530-6

The Elder Scrolls: Das offizielle Kochbuch
ISBN 978-3-8332-3777-5

Erhältlich im Buchhandel oder unter www.paninibooks.de

EIGENE NOTIZEN

WORLD OF WARCRAFT
ZURÜCK IN DIE ZUKUNFT
Hollywood Blvd.
W. Sunset Blvd.
STAR WARS
THE WALKING DEAD
W. Fountain Ave.
SOUTH PARK
Willoughby Ave.
HERR DER RINGE
DEADPOOL
N La Brea Ave.
N Highland Ave.
Beverly Blvd.